Kova dėl identiteto
Ringen um Identität

Vytautas Žalys

Kova dėl identiteto

Kodėl Lietuvai nesisekė Klaipėdoje
tarp 1923-1939 m.

Verlag Nordostdeutsches Kulturwerk
Lüneburg 1993

Vytautas Žalys

Ringen um Identität

Warum Litauen zwischen 1923 und 1939
im Memelgebiet keinen Erfolg hatte

Verlag Nordostdeutsches Kulturwerk
Lüneburg 1993

Die Deutsche Bibliothek — CIP-Einheitsaufnahme

Žalys, Vytautas:
Ringen um Identität: Warum Litauen zwischen 1923 und 1939 im Memelgebiet keinen Erfolg hatte / Vytautas Žalys.
Nordostdeutsches Kulturwerk. — Lüneburg: Nordostdt. Kulturwerk, 1993
Parallelsacht.: Kova del identiteto
ISBN 3-922296-70-X

Gedruckt mit Unterstützung des Bundesministers des Innern

Umschlagentwurf: R. H. Gestaltung & Design Renate Helbig, Lüneburg

Herstellung: C. Becker's Buchdruckerei, Uelzen

Copyright 1993 by
Verlag Nordostdeutsches Kulturwerk, Postfach 2323, D-21313 Lüneburg

Kova dėl identiteto

Kodėl Lietuvai nesisekė Klaipėdoje tarp 1923-1939 m.

Ringen um Identität.

Warum Litauen zwischen 1923 und 1939 im Memelgebiet keinen Erfolg hatte

6

Ši publikacija yra 1992 m. liepos 29 d. Klaipėdoje, moksliniame kolokviume, skirtame 740-osioms miesto įkūrimo metinėms, skaityto pranešimo išplėstas ir papildytas variantas. Joje daugiausia remiamasi iki šiol neskelbtais lietuviškais dokumentų šaltiniais. Tai matyti iš išnašų, kuriose beveik atsisakyta nurodyti papildomą literatūrą.

Šios studijos iniciatorius yra Erlangen'o-Nürnberg'o universiteto profesorius-emeritas d-ras Karl-Heinz Ruffmann'as. Kai 1992 m. kovo mėn. Lübeck'o-Travemündės Baltijos Akademijoje vyko Vokietijos-Lietuvos istorikų konferencija, profesorius diskusijose pasiūlė pagvildenti šį klausimą iš esmės. Jis yra ir vokiškojo vertimo redaktorius.

Autorius širdingai dėkoja Lüneburg'o Nordostdeutsches Kulturwerk Institutui už darbo išspausdinimą lietuvių ir vokiečių kalbomis.

Vilnius, 1993 m. pavasaris   Vytautas Žalys

Vorliegende Schrift ist die stark erweiterte Fassung eines Vortrags, den der Autor am 29. Juli 1992 in Klaipėda bei einem internationalen wissenschaftlichen Kolloquium anläßlich der 740. Wiederkehr der Gründung der Stadt Memel gehalten hat. Sie fußt in erster Linie auf bisher unveröffentlichtem litauischen Aktenmaterial. Das geht aus den Anmerkungen hervor, in denen auf die Benennung von Sekundärliteratur weitgehend verzichtet wird.

Die innerhalb eines wissenschaftlichen Dialogs aufgenommene Anregung zur Fragestellung gab im März 1992 auf einer deutsch-litauischen Historikertagung in der Ostseeakademie Lübeck-Travemünde Dr. Karl-Heinz Ruffmann, emeritierter Professor der Universität Erlangen-Nürnberg; er hat auch die deutsche Fassung redaktionell bearbeitet.

Dem Institut Nordostdeutsches Kulturwerk in Lüneburg sei herzlich gedankt für die Drucklegung in zugleich litauischer und deutscher Sprache.

Vilnius, Frühjahr 1993   Vytautas Žalys

Kodėl Lietuvai nesisekė Klaipėdoje tarp 1923-1939 m.

Istorikui, tyrinėjančiam Klaipėdos kraštą tarpukario laikotarpiu, tenka susidurti su kontroversija, kuri, deja, iki šiol plačiau nediskutuota Lietuvos istoriografijoje, būtent, konstatuojant, kad Klaipėdos miesto bei krašto ekonominis ir kultūrinis augimas Lietuvos suverenitete nekelia jokių abejonių ir, pripažįstant pozityvų Lietuvos valstybės poveikį šio regiono vystymuisi (1923-1939 m. laikotarpis gali būti laikomas vienu dinamiškiausiu šio regiono istorijoje), kartu reikia paaiškinti istorinį faktą, jog rinkimuose į Klaipėdos krašto Seimelį lietuvių sąrašai niekada negavo daugiau kaip 5 vietų (iš 29), o 1939 m., atplėšus Klaipėdos kraštą nuo Lietuvos, jos (t. y. Lietuvos Respublikos) pilietybę pasirinko nepaprastai mažas skaičius klaipėdiečių lietuvių, berods, apie 20.[1]

Šie faktai reikalauja gilesnės analizės, tačiau net ir paviršutiniška jų interpretacija, matyt, leidžia teigti, jog Lietuvai, nežiūrint didelių pastangų, per 15 metų taip ir nepavyko politiškai integruoti Klaipėdos krašto. Kodėl?[2]

Atsakymo į šį klausimą reikia ieškoti istorinėje Klaipėdos krašto praeityje, jo specifinėje geopolitinėje bei demografinėje ir net psichologijos srityse. Nesileisdami į platesnį istorinį ekskursą, pastebėsime, jog Klaipėdos kraštas ištisus amžius ėjo skirtingu vystymosi keliu nei Lietuva. Šio krašto lietuviai buvo ilgai veikti svetimos kultūros, skirtingos politinės ir religinės tradicijos bei socialinių santykių. Ilgainiui klaipėdietis lietuvis išsiugdė savitą galvoseną bei gyvenseną, kurią jo broliui iš Didžiosios Lietuvos dažnai buvo nelengva perprasti (beje,

---

1 Tokį skaičių nurodo vienas tuometinės „Santaros" lyderių M. Gelžinis/ /Lietuvių dienos. 1987 m. sausis.

2 Atsisakant daugelio tarptautinių, taip pat Vokietijos bei Klaipėdos krašto vokiečių problemų ir aspektų, šioje publikacijoje pagrindinis dėmesys skiriamas Lietuvos vyriausybės politikai Klaipėdos krašte bei jos kritiškai analizei.

Warum Litauen zwischen 1923 und 1939 im Memelgebiet keinen Erfolg hatte

Wer sich mit der Geschichte des Memelgebietes in der Zeit zwischen den beiden Weltkriegen befaßt, stößt auf einen Widerspruch, der in der litauischen Historiographie bis heute leider noch nicht ausführlicher erörtert worden ist. Während der ökonomische und kulturelle Aufstieg des Memelgebietes und der Stadt Memel unter der Souveränität Litauens keinem Zweifel unterliegt, die positive Einwirkung des litauischen Staates auf diese Entwicklung anzuerkennen und unseres Erachtens die Phase zwischen 1923 und 1939 als besonders dynamische Periode in der Geschichte der Region zu bezeichnen ist, muß der historisch zeitgleiche Tatbestand erklärt werden, daß bei den Wahlen zum memelländischen Landtag niemals mehr als 5 Sitze (von 29 möglichen) auf die litauischen Listen entfielen und 1939, bei der Ausgliederung des Memelgebietes aus Litauen, nur ganz wenige, anscheinend bloß 20[1] Memelländer litauischer Volkszugehörigkeit, für die Staatsangehörigkeit der Republik Litauen optierten.

Diese Sachverhalte bedürfen einer genaueren Analyse; schon eine oberflächliche Interpretation erlaubt indessen die Feststellung, daß es Litauen trotz großer Anstrengungen nicht gelungen ist, das Memelgebiet politisch zu integrieren.[2]

Die Antwort auf die Gründe muß man in der Geschichte des Memelgebietes, in seiner spezifischen geopolitischen bzw. demographischen Vergangenheit, ja selbst im psychologischen Bereich suchen. Ohne tieferen historischen Exkurs sei angemerkt, daß das Memelge-

---

1 Diese Zahl nach der Angabe eines der Führer der damalige Santara, M. Gelžinis, in: Lietuvių dienos, Januar 1987.

2 Unter Verzicht auf Behandlung der meisten internationalen, auch deutschen, sowie lokalen memeldeutschen Probleme und Aspekte gilt in diesem Beitrag das Hauptaugenmerk der litauischen Regierungspolitik im Memelgebiet und deren kritischer Analyse.

nesupratimas dažniausiai būdavo abipusis ...). Taip Klaipėdos krašte susidarė unikali etnopolitinė ir etnokultūrinė situacija, kurios išraiška tapo vadinamasis „klaipėdiškio" (Klaipėdos lietuvio) ir „memelenderio" (Klaipėdos vokiečio) tipų susiformavimas.

Kas tas klaipėdiškis? Diskusija dėl šio termino apibūdinimo buvo ne kartą kilusi Nepriklausomos Lietuvos, Klaipėdos krašto ir Vokietijos spaudoje. Svarbiausias klausimas — kuriai nacionalinei grupei priskirti klaipėdiškį. Vokiečių spaudoje iki 1939 m., ypač rinkimų į Seimelį išvakarėse, Klaipėdos krašto lietuviai buvo traktuojami kaip „vos ne vokiečiai", atseit aukštesnės kultūros žmonės nei „vargani žemaičiai". Didlietuviai dažniausiai laikėsi pažiūros, esą klaipėdiškiai — tai nutautėję autochtonai, t. y. vokiečių kultūros įtakoje iš dalies arba visiškai tautinę sąvimonę praradę lietuviai.

Abi nuostatos — labai charakteringos. Jos fiksuoja ne tik kovą dėl klaipėdiškio, kuri galėjo lemti bendrą kovos dėl Klaipėdos krašto baigtį, bet ir kovojančių pusių išeities pozicijas bei taktiką. Nesigilindami per daug į šį problemos aspektą, pažymėsime, jog pirmuoju atveju patys klaipėdiškiai jausdavosi pamaloninti, antruoju — įžeisti.

Vis dėlto diskutuoti dėl nacionalinės „vos ne vokiečių" priklausomybės nėra prasmės — jų lietuvišką kilmę liudijo ne tik pavardės, bet ir tai, kad namie jie dažniausiai kalbėdavo lietuviškai ir neprievartinėje situacijoje savo lietuviškos kilmės neneigdavo. Remiantis panašiais argumentais, kai kurių lietuvių istorikų darbuose išryškėjo ten-

biet jahrhundertelang einen Weg gegangen ist, der sich vom litauischen unterschied. Die in diesem Gebiet lebenden Litauer waren der Einwirkung fremder Kultur, unterschiedlicher politischer bzw. konfessioneller Traditionen und sozialer Verhältnisse ausgesetzt. Im Laufe der Zeit entwickelte der im Memelgebiet lebende Litauer eine eigene Denk- und Lebensweise, die für seinen Mitbruder in Großlitauen oft schwer zu begreifen war (ein übrigens meist wechselseitiges Unverständnis). Zugleich kam es zur Herausbildung einer einzigartigen ethnopolitischen und ethnokulturellen Lage, die ihren Niederschlag fand in der Herausbildung von zwei Typen, dem „Klaipėdiškis", d. h. dem litauischsprachigen Memelländer bzw. „Memellitauer", und dem deutschsprachigen Memelländer bzw. dem „Memeldeutschen".

Wer war der litauische Memelländer? Darüber wurde wiederholt in der Presse des unabhängigen Litauen, des Memelgebietes und Deutschlands diskutiert. Die wichtigste Frage lautet: Welcher nationalen Gruppe ist der litauischsprachige Memelländer zuzurechnen? In der deutschen Presse wurden die im Memelgebiet lebenden Litauer bis 1939, insbesondere am Vorabend von Landtagswahlen, als „fast Deutsche", d. h. als Menschen von höherer Kultur im Vergleich zu „den armen Schamaiten" eingestuft. Die Großlitauer vertraten am häufigsten die Ansicht, die litauischen Memelländer seien von ihrem Volk entfernte Autochthone, d. h. Litauer, die unter dem deutschen Kultureinfluß teilweise oder völlig ihr nationales Bewußtsein eingebüßt hätten.

Beide Einstellungen sind sehr kennzeichnend nicht nur für das Ringen um den litauischen Memelländer, der den Ausgang des ganzen Kampfes um das Memelgebiet entscheiden konnte, sondern auch für Startpositionen und Taktik der beiden miteinander kämpfenden Parteien. Ohne weitere Vertiefung in diesen Aspekt des Problems sei hier nur vermerkt, daß sich die litauischen Memelländer im ersten Fall geschmeichelt und im zweiten Fall beleidigt fühlten.

Wohl scheint es sinnlos zu sein, über die nationale Zugehörigkeit der „fast Deutschen" zu diskutieren: von ihrer litauischen Herkunft zeugen nicht nur ihre Familiennamen, sondern auch ihre Sprachgewohnheiten, daß sie nämlich zu Hause meistens litauisch gesprochen und unter zwangsfreien Umständen ihre litauische Herkunft nicht verleugnet haben. Mit ähnlichen Argumenten tendieren einige litaui-

dencija, per daug nesigilinant į etnopolitinės situacijos krašte subtilybes, paprastu aritmetiniu veiksmu prijungti klaipėdiškius prie lietuvių. Žinoma, kai kuriais atvejais tai būdavo labai patogu, pvz., siekiant padidinti lietuvių gyventojų skaičių Klaipėdos krašte. Statistiniu požiūriu tai nebūtų pernelyg didelė klaida, bet tai neišsprendžia problemos, o tik dar labiau ją sukomplikuoja, nes nepadeda paaiškinti, kodėl šie lietuviai rinkimuose balsuodavo už vokiškus sąrašus.

Klaipėdos krašto situacijoje grynai statistinis metodas, paremtas nacionaline priklausomybe („lietuvis — vokietis"), negali duoti atsakymo į keliamus klausimus, kadangi šioje sistemoje nėra vietos klaipėdiškio fenomenui. O šio fenomeno vienas iš pagrindinių bruožų buvo tas, jog šimtmečius gyvenusiam vokiškoje aplinkoje Klaipėdos lietuviui dažniausiai buvo svetima didlietuvių kultūrinė aplinka ir jų politinės aspiracijos, kurių jis nesuprato arba suprato savaip. Politinėje srityje klaipėdiškis tradiciškai buvo labiau orientuotas į vokišką elementą bei vokiškas struktūras. Šie klaipėdiškio (kaip ir daugumos kitų Prūsijos lietuvių) politinės orientacijos ypatumai išryškėjo dar gerokai iki Klaipėdos krašto prijungimo prie Lietuvos. Pvz., 1878 m. rinkimuose į Vokietijos Seimą klaipėdiškiai lietuviai kėlė dr. Alberto Zieglerio kandidatūrą, tačiau jis tegavo 38 balsus. Panaši situacija buvo ir kitose gana lietuviškose apygardose: 1874 m. rinkimuose Frydrichas Kuršaitis Tilžės — Lankos apygardoje gavo 30 balsų (iš 7000). 1877 m. rinkimuose Labguvos — Vėluvos apygardoje už Frydrichą Kuršaitį balsavo jau 711 rinkėjų (iš 11000), nors ir to nepakako, kad jis patektų į Vokietijos Seimą. Tais pačiais 1877 m. lietuvių kandidatas minėtas dr. Albertas Ziegleris Klaipėdos — Šilutės apygardoje gavo tik 292 balsus.[3] Pirmasis lietuvių atstovas Jonas Smalakys buvo išrinktas į Vokietijos Seimą 1898 m. Klaipėdos — Šilutės apygardoje

---

3 Kovos keliais Klaipėdos krašto prijungimui prie Lietuvos 15-kos metų sukakčiai paminėti: Almanachas. Klaipėda, 1938. P. 56.; Lietuvių enciklopedija (toliau — LE). Čikaga, 1958. T. 13. P. 40.

sche Historiker in ihren Arbeiten dazu, ohne näheres Eingehen auf die ethnopolitische Lage des Gebietes die litauischsprachigen Memelländer mittels einer einfachen Rechenoperation zu den Litauern zu zählen. Das ist zwar in mancherlei Hinsicht sehr bequem, so etwa bei dem Versuch, den Anteil der litauischen Bevölkerung im Memelgebiet zu vergrößern. Rein statistisch wäre es kein sehr großer Fehler, jedoch wird das Hauptproblem dadurch deshalb nicht gelöst, vielmehr noch weiter kompliziert, weil nun erst recht unklar bleibt, warum diese Litauer für die deutschen Listen gestimmt haben.

Angesichts der spezifischen Situation des Memelgebietes kann die rein statistische, allein so die nationale Zugehörigkeit bestimmende Methode („der Litauer — der Deutsche") eine der wichtigsten Eigenarten des litauischsprachigen, in deutscher Umgebung lebenden Memelländers nicht erfassen und gebührend berücksichtigen. Diese Eigenart äußert sich darin, daß ihm die großlitauische kulturelle Umgebung und die großlitauischen politischen Aspirationen fremd waren, er sie gar nicht oder auf seine Weise verstand. Im Bereich der Politik war der Memellitauer traditionsgemäß mehr auf das deutsche Element sowie auf die deutschen Strukturen hin orientiert. Diese Besonderheiten der politischen Orientierung der Memellitauer (wie auch der übrigen Preußisch-Litauer) traten schon lange vor der Angliederung des Memelgebietes an den litauischen Staat in Erscheinung. So stellten etwa Memellitauer bei den Wahlen zum Reichstag im Jahre 1878 Dr. Albert Ziegler als Kandidaten auf; er erhielt nur 38 Stimmen. Ähnlich war die Situation auch in anderen, überwiegend litauischen Bezirken: Bei den Wahlen von 1874 erhielt Frydrichas Kuršaitis (Friedrich Kurschat) im Wahlkreis Tilsit-Niederung nur 30 (von 7000) Stimmen; 1877 votierten für ihn im Wahlkreis Labiau-Wehlau zwar schon 711 Wähler (von 11000); das reichte aber nicht aus, um in den Reichstag einziehen zu können. Ebenfalls 1877 erhielt der schon genannte Kandidat Dr. Ziegler im Kreis Memel-Heydekrug nur 292 Stimmen.[3] Als erster litauischer Vertreter gelangte 1898 für diesen Kreis Jonas Smalakys dank eines Wahlbündnisses mit deutschen Frei-

---

3 Vgl. Auf Kampfwegen. Zum 15. Jahrestag des Anschlusses des Memellandes an Litauen. Almanach. Memel 1938, S. 56; Lietuvių enciklopedija (LE). Bd. 13, Chicago 1958, S. 40.

ir tai tik susiblokavus su vokiečių laisvamaniais. Vien tik prūsų lietuvių balsais, net ir labai lietuviškose apygardose, išrinkti savo kandidato į Vokietijos Seimą niekada nebuvo pavykę.

Prūsų lietuvių politiniai lyderiai jau tuomet buvo labai susirūpinę tokiomis savo tautiečių nuotaikomis, kurios iškalbingai liudijo apie mažlietuvių politinius prioritetus. Kita vertus, abi prūsų lietuvių srovės — radikalioji ir konservatyvioji — savo veikloje daugiausia akcentavo kultūrinius momentus. Unikaliausiuose tos epochos dokumentuose — 1892, 1896, 1902, 1904 m. prūsų lietuvių peticijose, pasiųstose į Berlyną — nėra nei žodžio apie politinius reikalavimus ar juo labiau užuominos, rodžiusios kažkokį ryšį su lietuvių reikalais dešiniajame Nemuno krante. Reikia pripažinti, kad net radikaliausi mažlietuvių politiniai lyderiai į Didžiąją Lietuvą tradiciškai žiūrėjo su dideliu rezervu ir „tautos vienybės" šūkis, skambantis iš dešiniojo Nemuno kranto, toli gražu ne visada sulaukdavo jų pritarimo. Antai Didžiajame Vilniaus Seime 1905 m. dalyvavęs „Prūsų Lietuvos atstovas iš Tilžės" Jonas Vanagaitis, svarstant etnografinių Lietuvos teritorijų sujungimo į vieną administracinį vienetą klausimą, matyt, neatsitiktinai apsiribojo vien tik simpatijų Didžiajai Lietuvai pareiškimu.[4] Apie jokį abiejų tautos dalių susijungimą Prūsų lietuviai tuomet nebuvo linkę kalbėti. Galima teigti, jog Didžiosios Lietuvos politikų aspiracijos nerado reikiamo pritarimo Mažojoje Lietuvoje iki pat Pirmojo pasaulinio karo pabaigos. Neanalizuojant Didžiosios ir Mažosios Lietuvos politinių lyderių orientacijos skirtumo priežasčių (jos istoriografijoje aptartos), konstatuosime patį jos nesutapimą dar iki Klaipėdos krašto prijungimo prie Lietuvos.

Kita vertus, pripažįstant Didžiosios ir Mažosios Lietuvos lietuvių politinės orientacijos skirtumus, kartais, siekiant juos paryškinti ar

---

4 [Gira L.] Lietuvių suvažiavimas Vilniuje/ /Vilniaus Žinios. 1905. XI. 24 (XII. 7), Nr. 276.

sinnigen in den Reichstag. Es ist niemals gelungen, einen eigenen Kandidaten nur mit Stimmen der preußischen Litauer selbst in sehr litauischen Kreisen in den Reichstag zu bringen.

Die litauischen Politiker in Preußen zeigten sich schon damals besorgt über solche Verhaltensweisen ihrer Landsleute, die eindeutig die politischen Prioritäten der Kleinlitauer anzeigten. Andererseits betonten beide Richtungen der preußischen Litauer — die radikale wie die konservative — hauptsächlich die kulturellen Momente ihrer Aktivitäten. Einzigartige Dokumente dieser Epoche — die nach Berlin geschickten Petitionen der preußischen Litauer von 1892, 1896, 1902, 1904 — enthalten kein einziges Wort über eigene politische Ansprüche und erst recht keine Andeutung, die irgendwie Bezug nimmt auf die litauischen Zustände am rechten Ufer des Memelflusses. Man muß feststellen, daß selbst die radikalsten kleinlitauischen Politiker gegenüber Großlitauen traditionsgemäß sehr reserviert gewesen sind und der Widerhall vom rechten Ufer des Memelflusses häufig genug nicht ihre Zustimmung gefunden hat. So beschränkte sich der „Vertreter des preußischen Litauen aus Tilsit" Jonas Vanagaitis, der 1905 am Großen Seimas von Vilnius teilnahm, wohl kaum zufällig bei der Behandlung der Frage einer Zusammenfügung der litauischen ethnographischen Territorien zu einer administrativen Einheit nur auf eine allgemeine Äußerung seiner Sympathie für Großlitauen.[4] Die preußischen Litauer hatten zu jener Zeit nicht das Verlangen, von der Vereinigung der beiden Teile des Volkes zu sprechen. Das vorhandene Quellenmaterial erlaubt die Feststellung, daß die Aspirationen der großlitauischen Politiker bis zum Ende des Ersten Weltkrieges nicht die erforderliche Resonanz in Kleinlitauen fanden. Ohne Ursachen der Orientierungsunterschiede zwischen den groß- und kleinlitauischen Politikern zu analysieren (zumal das bereits von der Geschichtsschreibung geleistet wurde), wollen wir hier nur die Tatsache der fehlenden Übereinstimmung festhalten, die sich schon vor dem Anschluß des Memelgebietes an Litauen bemerkbar machte.

Andererseits dürfen wir nicht übersehen, daß zur Verdeutlichung oder gar Vergrößerung dieser Orientierungsunterschiede manchmal

---

4 [L. Gira], Die litauische Versammlung in Vilnius, in: Vilniaus žinios vom 24. 11. 1905 (7. 12.), Nr. 276.

padidinti, naudojami abejotini metodai bei argumentai. Pavyzdžiu šiam teiginiui gali būti kai kurių dr. Viliaus Gaigalaičio minčių, esančių jo knygelėje „Die litauisch-baltische Frage" nekritiškas citavimas. Ypač dažnai cituojama ta knygelės dalis, kurioje teigiama, kad tam tikrų Vokietijos sluoksnių būgštavimai, jog Prūsijos lietuviai norėtų priklausyti atkurtai Lietuvos valstybei, esą visai be pagrindo. Ir toliau: „... Prūsų lietuviai, kaip kiekvienam pažįstančiam tuos žmones yra aišku, neturi nei mažiausio noro priklausyti kitai valstybei ir kitai tvarkai, negu Prūsų Vokietijai".[5]

Cituojantiems šią dr. Viliaus Gaigalaičio mintį tenka priminti kur ir kada ši knyga išvydo pasaulį — Berlyne, 1915 m., t. y. tik prasidėjus Pirmajam pasauliniam karui. Netenka aiškinti, jog mažlietuvis politikas, būdamas Prūsijos Seimo nariu, 1914-1915 m. negalėjo kitaip kalbėti. Be to, politikai visada gali turėti savų išskaičiavimų, todėl jų skambūs pareiškimai turėtų būti vertinami labai kritiškai. Kita vertus, prisiminti reiktų ne tik aukščiau cituotas šios knygutės mintis, bet ir atsižvelgti į tolesnę dr. Viliaus Gaigalaičio veiklą — nuo 1918 m. jis tapo vienu autoritetingiausių ir aktyviausių susijungimo su Lietuva šalininku. Taigi arba dr. Vilius Gaigalaitis buvo lietuviškas Makiavelis, arba jis, kaip ir daugumas to meto tautinės pakraipos politikų Rytų ir Centrinėje Europoje, tegalėjo veikti tik tam tikrose ribose? Matyt, čia susiduriama kaip tik su tuo atveju, kai nekritiškas citavimas gali pastatyti istoriką į keblią padėtį.

Vokietijos pralaimėjimas kare, sunki jos ekonominė padėtis ir sustiprėjusios antivokiškos nuotaikos Europoje turėjo didelę įtaką ir Rytprūsių lietuviams. Nekomentuodami plačiau lietuviško judėjimo Prūsijoje (jis yra plačiai aprašytas lietuvių istoriografijoje), pastebėsime, jog jis nebuvo labai masiškas ir daugiausia telkėsi Tilžėje bei jos apylinkėse. Be to, reikia pripažinti, kad net ir palankiausiai Didžio-

---

5 Gaigalaitis, V., Die litauisch-baltische Frage. Berlin, 1915. P. 22.

recht zweifelhafte Methoden und Argumente ins Spiel gebracht werden. Zur Veranschaulichung und als Beleg sei die unkritische Wiedergabe einiger Gedanken von Dr. Vilius Gaigalaitis in seinem Buch „Die litauisch-baltische Frage" angeführt. Besonders häufig wird der Teil des Buches zitiert, in dem Befürchtungen bestimmter Gesellschaftsschichten in Deutschland, wonach die preußischen Litauer wünschten, dem wiederhergestellten litauischen Staat anzugehören, als völlig grundlos bezeichnet werden: „... die preußischen Litauer haben — das ist jedem Kenner dieses Volksstammes ganz klar — nicht die mindeste Lust, einem anderen Staat, einer anderen Verwaltung als gerade der preußisch-deutschen anzugehören".[5]

Diejenigen, die diesen Gedanken von Dr. Gaigalaitis zitieren, muß man daran erinnern, wo und wann dieses Buch das Licht der Welt erblickt hat: in Berlin im Jahre 1915, d. h. sehr bald nach Ausbruch des Ersten Weltkrieges. Es bedarf keiner Erläuterung, warum sich ein kleinlitauischer Politiker, Mitglied des preußischen Landtages, 1914/15 gar nicht anders zu äußern vermochte. Außerdem können Politiker durchaus andere, nicht öffentlich vorgetragene Beweggründe haben; deshalb müssen ihre „Aussagen" sehr kritisch eingeschätzt werden. Schließlich ist im vorliegenden Fall auch die weitere Tätigkeit von Dr. Gaigalaitis zu berücksichtigen. Seit 1918 wurde er zu einem der angesehensten und aktivsten Anhänger der Vereinigung mit Litauen. War also Dr. Gaigalaitis ein litauischer Machiavellist oder konnte er, wie die meisten national orientierten Politiker jener Zeit in Ost- und Mitteleuropa, eben nur in einem bestimmten Rahmen wirken? Man stößt hier anscheinend auf einen Vorgang, bei dem unkritisches Zitieren einen Historiker in eine peinliche Situation bringen kann.

Die Niederlage Deutschlands im Krieg, seine schwierige ökonomische Lage und eine zunehmend antideutsche Stimmung in Europa übten einen großen Einfluß auf die preußischen Litauer aus. Ohne die litauische Bewegung in Preußen zu kommentieren (sie ist in der litauischen Geschichtsschreibung eingehend behandelt worden), begnügen wir uns mit dem Hinweis, daß sie relativ schwach und hauptsächlich auf Tilsit und dessen Umgebung konzentriert gewesen ist.

---

5 Vilius Gaigalaitis, Die litauisch-baltische Frage. Berlin 1915, S. 22.

sios Lietuvos atžvilgiu nusiteikusius mažlietuvius neretai kankindavo abejonės, gal net tam tikras baimės ar netikrumo kompleksas dėl perspektyvos suartėti su savo broliais iš anapus Nemuno … Šiuos prieštaringus jausmus egzistavus matome, kai kartu su Mažosios Lietuvos Tarybos propaguojamu „koviniu" šūkiu „Viena giminė, viena kalba, viena žemė, viena valdžia!" „Lietuviškoj Ceitungoj" skaitome labai „žmogiškus" Mikelio Reidžio „pagraudenimus": „bau tiedvi sesers po tiek daug šimtmečių perskyrimo begalės susitikti?". Šias abejones garsiai reiškė ne šiaip koks sentimentalus mažlietuvis, o Prūsų Lietuvių Tautos Tarybos narys!

Dar sudėtingesnė situacija nei Tilžės apylinkėse buvo Klaipėdos krašte. Ten, ypač miestuose, lietuvių pozicijos nebuvo labai stiprios ir lietuviška veikla čia suaktyvėjo tik 1919 m. pabaigoje Versalio taikos konferencijos sprendimo įtakoje ir kai į kraštą persikėlė dalis aktyvių mažlietuvių iš kairiojo Nemuno kranto. Nuo 1920 m. kovo mėn. lietuvišką judėjimą čia ėmė remti Lietuvos vyriausybė per savo karinę misiją, vėliau atstovybę Klaipėdoje, tačiau ši parama daugiausia ėjo slaptais kanalais, kadangi teko skaitytis su prancūzų administracija, kuri labiau simpatizavo lenkams ir vietiniams vokiečiams, nei dėl savo teisių kovojantiems lietuviams.

„Prancūzmečio" laikotarpiu Klaipėdos krašte veikė įvairios politinės srovės, kurios kiekviena savaip įsivaizdavo Klaipėdos ateitį. Stipriausias susijungimo su Lietuva oponentas buvo gana populiari tuo metu freištato idėja, kurios būta įvairių atmainų, tačiau esmė jų buvo ta pati — duoti kraštui valstybinį savarankiškumą, o Klaipėdą, panašiai kaip Dancigą, padaryti laisvuoju miestu, suteikiant įvairioms valstybėms galimybę naudotis uostu. Šią idėją rėmė prancūzai, lenkai bei nemaža dalis vietinių gyventojų. Freištatininkai nuo pat pradžių buvo

Darüber hinaus muß man zugeben, daß sogar die am stärksten Großlitauen zugeneigten Kleinlitauer Zweifel oder vielleicht besser: ein bestimmtes Angst- und Unsicherheitsgefühl befiel bei der Aussicht, sich ihren jenseits des Memelflusses lebenden Mitbrüdern anzunähern. Das Vorhandensein solcher widerspruchsvollen Gefühle wird spürbar, wenn man in der „Lietuviška Ceitunga" („Litauische Zeitung") neben dem in der Deklaration des Kleinlitauischen Rates vom 30. November 1918 formulierten „Kampfaufruf" — „Ein gemeinsamer Volksstamm, eine gemeinsame Sprache, ein gemeinsames Territorium, eine gemeinsame Macht" — auch die sehr „menschlich anrührenden Worte" von Mikelis Reidys liest: „Ob diese beiden Schwestern noch nach solcher jahrhundertelangen Trennung sich zusammenzufinden vermögen werden?" Diesen Zweifel sprach nicht irgendein sentimentaler Kleinlitauer aus, sondern ein Mitglied des Litauischen Volksrats in Preußen!

Noch komplizierter als in der Umgebung von Tilsit war die Situation im Memelgebiet. Hier erschien, insbesondere in den Städten, die Haltung der Litauer recht unsicher, und die litauische Bewegung ist erst Ende 1919, unter dem Eindruck des Beschlusses der Versailler Friedenskonferenz und infolge der Zuwanderung engagierter Kleinlitauer vom linken Ufer des Memelflusses ins Memelgebiet, aktiver geworden. Seit März 1920 begann die litauische Regierung, diese Bewegung durch ihre Militärmission, später durch ihre Vertretung in Memel zu unterstützen — übrigens vorwiegend insgeheim, weil man auf die französische Verwaltung Rücksicht nehmen mußte, die mehr mit den Polen und den einheimischen Deutschen als mit den für ihre Rechte kämpfenden Litauern sympathisierte.

Im „französischen" Zeitabschnitt gab es im Memelgebiet verschiedene politische Richtungen; jede Richtung stellte sich die Zukunft des Landes auf ihre eigene Art vor. Als stärkster Opponent gegen eine Vereinigung mit Litauen wirkte die damals recht verbreitete Freistaatsidee, die verschiedene Varianten aufwies. Ihr Grundzug blieb aber immer gleich: Gewährung staatlicher Selbständigkeit für das Gebiet, Verwandlung der Stadt Memel, ähnlich wie im Falle von Danzig, in eine freie Stadt und Berechtigung der Anrainerstaaten, den Memeler Hafen zu benutzen. Diese Idee wurde von Franzosen, Polen und einem nicht geringen Teil der einheimischen Bevölkerung unterstützt. Die Freistaatsanhänger waren von Anfang an Kaunas ge-

labai nepalankiai nusiteikę Kauno atžvilgiu ir tik susikūrusią Lietuvos Respubliką traktavo kaip sezoninę valstybę, prie kurios nematė prasmės jungtis.

Vis dėlto, kalbant apie Klaipėdos krašto gyventojų nuotaikas ir rūpesčius „prancūzmečio" laikotarpiu, nereikėtų pervertinti jų politinio aktyvumo. Pasak tuometinio Lietuvos ministro pirmininko Ernesto Galvanausko, trimečio laikotarpiu „nei lietuviai ieškojo kelio į Lietuvą, nei vokiečiai — į Vokietiją. Vieni ir kiti žiūrėjo naudos".[6] Valstybinis ir politinis subrendimas Klaipėdos krašte 1920-1922 m. buvo užgožtas asmeninės naudos siekimo. Dėl šių priežasčių klaipėdiečiai dažnai susilaukdavo priekaištų ir iš Kauno, ir iš Berlyno.

Nežiūrint į šią klaipėdietišką „specifiką" (beje, pasireiškusią ne kartą ir vėliau), dėl aktyvios Lietuvos atstovybės (pradžioje vadovaujamos kap. Leopoldo Dymšos, po to Jono Žiliaus) veiklos, lietuvybės pozicijos Klaipėdos krašte stiprėjo. Slaptas finansavimas iš Kauno ir privačių JAV lietuvių fondų leido palengva užimti gana reikšmingas pozicijas krašto spaudoje, įsigyti kilnojamojo turto, patraukti į savo pusę nemažai vietinių gyventojų.

1922 m. rudenį ruošiantis lemiamai akcijai, Kaunui buvo ypač svarbu kuo plačiau prasiskverbti į Klaipėdos kraštą ekonomiškai (Lietuvos vyriausybės ekonominio spaudimo priemonės kraštui straipsnyje nebus analizuojamos), pritraukti ir sutelkti kuo daugiau prisijungimo prie Lietuvos šalininkų. Kaip plačiai tai pavyko realizuoti?

Klaipėdiškių dalyvavimas 1923 m. sausio mėn. įvykiuose iki šiol kelia tam tikrų aistrų ir ginčų. Vieni šiuose įvykiuose linkę įžiūrėti vien tik „Lietuvos ranką", kiti, priešingai, akcentuoja klaipėdiškių dalyva-

---

6 Galvanauskas E. Draugas. 1961. I. 17.

genüber übel gesonnen und betrachteten das neu entstandene Litauen als eine bloß vorübergehende „Saisonrepublik", mit der eine Vereinigung sinnlos wäre.

Wer über Stimmungen und Sorgen der Bewohner des Memelgebietes im „französischen" Zeitabschnitt spricht, wird dennoch ihre politische Aktivität nicht überschätzen dürfen. Nach Auffassung des damaligen litauischen Ministerpräsidenten Ernestas Galvanauskas suchten während dieser drei Jahre „weder Litauer nach einem Weg nach Litauen, noch Deutsche nach Deutschland. Sowohl die einen als auch die anderen waren auf ihren eigenen Vorteil bedacht".[6] Der staatliche und politische Reifeprozeß im Memelgebiet wurde zwischen 1920 und 1922 durch Trachten nach persönlichem Nutzen verdrängt, ein Verhalten, das den Memelländern sowohl von Kaunas als auch von Berlin Vorwürfe einbrachte.

Ungeachtet dieser memelländischen „Spezifik" (die übrigens auch später mehrfach in Erscheinung trat) erlangte das Litauertum im Memelgebiet dank der Aktivitäten der dortigen litauischen Vertretung (die von Hauptmann Leopoldas Dymša, später von Jonas Žilius geleitet wurde) eine immer stärkere Stellung. Die geheime Finanzierung durch Kaunas und aus privaten Fonds von in den USA lebenden Litauern ermöglichte es, allmählich eine recht bedeutende Rolle in der Presse des Gebiets zu spielen, wichtige Immobilienkäufe zu tätigen und einen größeren Teil der einheimischen Bevölkerung anzuziehen.

Im Herbst 1922, nach Beginn der Vorbereitung auf die entscheidende Aktion vom Januar 1923, war es für Kaunas besonders wichtig, ökonomisch möglichst tief ins Memelgebiet einzudringen (ohne hier die Maßnahmen der litauischen Regierung analysieren zu können, die sie zum wirtschaftlichen Druck auf das Gebiet getroffen hat) und möglichst viele Anhänger eines Anschlusses des Memelgebietes an Litauen zu gewinnen und zu vereinigen. In welchem Ausmaß ist das gelungen?

Das Problem der Teilnahme der litauischen Memelländer an den Ereignissen vom Januar 1923 ruft bis heute gewisse Emotionen und Auseinandersetzungen hervor. Die einen sind geneigt, in diesem Ge-

---

6 Ernestas Galvanauskas, in: Draugas vom 17. 1. 1961, Nr. 13.

22

vimą „sukilime", nors ir neneigia, jog akcijoje dalyvavo ir „vokiškais šautuvais ginkluoti jų broliai iš Lietuvos". Istorikui problemos čia nėra, kadangi remiantis archyviniais dokumentais galima tiksliai nustatyti žygyje dalyvavusių vietinių ir Lietuvos savanorių skaičių. Tačiau prieš pasiremiant konkrečiais duomenimis reikia atkreipti dėmesį į štai ką.

Lietuvos ministras pirmininkas Ernestas Galvanauskas ir tuometinis Šaulių[7] sąjungos pirmininkas Vincas Krėvė (abu aktyviai dalyvavę planuojant šią akciją) vėliau rašė, jog Kaune neturėta jokių iliuzijų, jog Klaipėdos krašto lietuviai vieni savo pajėgomis galėtų įvykdyti tokią akciją („Laukti, kad Klaipėdos krašto gyventojai patys imtųsi kovos priemonių dėl savo „išlaisvinimo" nebuvo vilties" — rašė Vincas Krėvė[8]). Priešingai, turėta žinių apie gana pasyvią klaipėdiškių laikyseną. Pvz., kai 1922 m. pavasarį būsimasis akcijos karinis vadas Jonas Polovinskas-Budrys žvalgybiniais tikslais atvyko į Klaipėdą, jis buvo priverstas konstatuoti, kad „nors lietuviai ir skundėsi, kad jų teisės paglemžtos vokiečių naudai, bet mintis apie sukilimą dar nebuvo kilusi". Jis teigia, jog ruošiantis akcijai Klaipėdos krašte „dalykai nėjo

---

7 Lietuvos šaulių Sąjunga — savanoriška, karinė ir nepolitinė organizacija. Nariai turėjo uniformas ir buvo ginkluoti. Įkurta intelektualų, norint šalia karinės veiklos išplėsti tautos kultūrinį ugdymą. Prieš okupuojant sovietams kraštą sąjunga turėjo 62 000 narių. Jų dauguma buvo NKVD represuoti ir žuvo Sibire.

8 Krėvė V. Bolševikų invazija ir liaudies vyriausybė. Vilnius, 1992. P. 95.

schehen nur „die Hand Litauens" zu erblicken; die anderen betonen hingegen die aktive Teilnahme der litauischen Memelländer am „Aufstand", obwohl auch sie die Tatsache nicht bestreiten, daß an dieser Aktion „ihre mit deutschen Gewehren bewaffneten Mitbrüder aus Litauen" ebenfalls mitwirkten. Für einen Historiker ist das keine problematische Frage; denn anhand einschlägiger Archivunterlagen kann man die genaue Anzahl der einheimischen Teilnehmer und der aus Litauen zugewanderten Freiwilligen benennen. Vor konkreten Angaben dazu ist auf einige charakteristische Einzelheiten in den Rahmenbedingungen aufmerksam zu machen.

Wie der litauische Ministerpräsident Ernestas Galvanauskas und der damalige Vorsitzende des Schützenbundes[7] Vincas Krėvė (die bei der Planung des Vorhabens aktiv mitwirkten) später niederschrieben, habe man in Kaunas keine Illusionen darüber gehabt, daß die litauischen Memelländer allein mit ihren eigenen Kräften ein solches Unternehmen durchführen könnten. „Es war hoffnungslos, darauf zu warten, daß die Memelländer selbst den Kampf für ihre „Befreiung" aufnähmen", heißt es bei Vincas Krėvė.[8] Man wußte im Gegenteil von der ganz passiven Haltung der litauischen Memelländer. So sah sich etwa im Frühling 1922 der zukünftige militärische Anführer der Aktion Jonas Polovinskas-Budrys, als er mit Erkundungsabsichten nach Memel kam, zu der Feststellung gezwungen, daß, „obwohl die Litauer geklagt hatten, daß ihre Rechte zugunsten der Deutschen eingeschränkt wären, ihnen der Gedanke an einen Aufstand noch nicht gekommen ist". Er behauptet ferner, daß während der Vorbereitung auf die Aktion im Memelgebiet „die Sache weder leicht noch glatt ge-

---

7 Der Schützenbund Litauens stellte eine selbständige, militärische und nicht politische Organisation dar. Seine Mitglieder trugen Uniform und waren bewaffnet. Gegründet wurde er von litauischen Intellektuellen, deren Ziel neben der paramilitärischen Übung die kulturelle Bildung des Volkes war. Er bestand von 1919 bis 1940. Am Vorabend der sowjetischen Besetzung Litauens zählte der Bund 62 000 Mitglieder. Die meisten von ihnen gerieten in die Hände des NKWD und sind in Sibirien umgekommen.

8 Vincas Krėvė, Bolševikų invazija ir liaudies vyriausybė (Die Invasion der Bolševiki und die Volksregierung). Vilnius 1992, S. 95.

24

nei lengvai, nei sklandžiai".[9] Žinoma, negalima tikėtis, kad tokios akcijos būtų rengiamos „kaip iš natų", tačiau vietinių klaipėdiškių rezervuotumas ryžtingų veiksmų atžvilgiu nekelia abejonių. Antai pirmą kartą išgirdę apie rengiamą „sukilimą" Klaipėdos delegacijos nariai pareiškė, jog esą neprotinga griebtis prievartos, kuri galinti sugadinti visą reikalą.[10] Atkreiptinas dėmesys ir į Ernesto Galvanausko išvadas, prie kurių jis priėjo išanalizavęs Jono Polovinsko-Budrio surinktas žinias, būtent: Klaipėdos krašto lietuviai prie sukilimo neprisidės ir savanoriais neis, geriausiu atveju jie laikysis nuošaliai, tautiškai susipratusių klaipėdiškių nedaug.[11]

Labai iškalbingas ir formalaus sukilimo vadovo Erdmono Simonaičio liudijimas apie Gelbėjimo komiteto sudarymą bei jame vyravusias nuotaikas: „Daug kas nesuprato, ką čia gelbėti, nes ne visi jo nariai žinojo, kokiu būdu mes kraštą „gelbėti" norime — ar vargšus šelpdami, ar protestais, bet apie jėgą beveik niekas negalvojo (!)".[12]

Vis dėlto, nors ir nelinkę imtis radikalių priemonių, klaipėdiškiai 1922 m. pabaigoje — 1923 m. pradžioje nebuvo priešiškai nusiteikę dėl prisijungimo prie Lietuvos. Jonas Polovinskas-Budrys, informuodamas Lietuvos Generalinio štabo viršininką apie vietinių gyventojų nuotaikas akcijos išvakarėse, teigė, jog 60% jų pritaria ar remia „sukilimą", 30% laikosi pasyviai ir tik 10% remia freištatininkus ar Vokietiją.[13] Turint galvoje, jog ši informacija ne šiaip sau propagandinė „an-

9 Budrys J. Apie Klaipėdos krašto grąžinimą Lietuvai/ /Nepriklausoma Lietuva. 1951. Nr. 6-7.

10 Krėvė V. Min. veik. P. 96.

11 Galvanauskas E. Draugas. 1961. I. 21.

12 Simonaitis E. Atsiminimai iš 1918-1925/ /Aidai. 1948. Nr. 18. P. 386-387.

13 1923. I. 6. J. Budrio (Polovinsko) ir Okso (kap. Tomkaus) raportas Generalinio štabo viršininkui/ /Lietuvos valstybinis archyvas (toliau — LVA). F.929. Ap. 3. B. 422. L. 9.

gangen ist".[9] Gewiß konnte niemand erwarten, daß solche Aktionen „wie nach Noten" ablaufen würden, doch die Reserviertheit der litauischen Memelländer gegenüber den entscheidenden Handlungen unterliegt keinem Zweifel. So erklärten Mitglieder der memelländischen Delegation, als sie zum erstenmal von dem vorgesehenen „Aufstand" hörten, es sei unvernünftig, Gewalt anzuwenden, weil sie die ganze Sache verderben könne.[10] Bemerkenswert sind auch die Folgerungen, die Ernestas Galvanauskas aus der Analyse der von Jonas Polovinskas-Budrys gesammelten Informationen gezogen hat; die litauischen Memelländer, so der damalige Ministerpräsident, würden sich am Aufstand nicht beteiligen und nicht als Freiwillige melden. Im besten Fall würden sie sich abwartend verhalten. Nicht viele litauische Memelländer seien nationalbewußt.[11]

Sehr aufschlußreich ist ferner die Aussage des formellen Aufstandsführers Erdmonas Simonaitis über die Bildung des Rettungskomitees sowie über die dort herrschenden Stimmungen: „Viele haben nicht verstanden, wen man retten muß, weil nicht alle Mitglieder wußten, auf welche Weise wir das Gebiet 'retten' wollen — durch Unterstützung der Armen oder durch Proteste; an Gewaltanwendung hat aber fast niemand gedacht (!)."[12]

Obwohl die litauischen Memelländer nicht geneigt waren, radikale Maßnahmen zu ergreifen, standen sie Ende 1922/Anfang 1923 einem Anschluß an Litauen eigentlich nicht feindlich gegenüber. Als Jonas Polovinskas-Budrys den Chef des Generalstabs über Stimmungen der einheimischen Bewohner am Vorabend der Aktion unterrichtete, behauptete er, daß 60% dem „Aufstand" zustimmten oder ihn unterstützen, 30% eine passive Haltung einnähmen und nur 10% die Freistaatsanhänger oder Deutschland unterstützten.[13] Wenn man

---

9 J. Budrys, Die Rückgabe des Memelgebietes an Litauen, in: Nepriklausoma Lietuva 1951, Nr. 6-7.

10 Krėvė, wie Anm. 8, S. 96.

11 Galvanauskas, wie Anm. 6, 21. 1. 1961, Nr. 17.

12 Erdmonas Simonaitis, Erinnerungen aus den Jahren 1918 bis 1925, in: Aidai 1948, Nr. 18, S. 386-387.

13 Bericht von J. Budrys (Polovinskas) und Oksas (Kap. Tomkus) an den Chef des Generalstabs vom 6. 1. 1923. Litauisches Staatsarchiv (LStA), F. 929, Ap. 3, B. 422, L. 9.

tis", o skirta Generalinio štabo viršininkui, reikia laikyti ją patikima. Vis dėlto yra pagrindo manyti, kad aktyviųjų ir pasyviųjų santykis joje kiek padidintas pirmųjų naudai.

Pastarąją prielaidą patvirtina ir nedidelis klaipėdiškių, dalyvavusių akcijoje, skaičius — apie 300, „pagalbininkų" iš Lietuvos — apie 1050 (40 karininkų, 584 kareiviai, 455 šauliai).[14] Taigi kas trečias „sukilėlis" buvo vietinis. Vis dėlto šie duomenys tik iš dalies atspindi realų klaipėdiškių, įsijungusių į „sukilėlių" gretas, skaičių, kadangi fiksuodami bendrą skaičių, jie nepatikslina, kada prisijungta — prieš ar po sausio 15 d.? Kol kas atsakyti į pastarąjį klausimą nebūtų lengva, nors yra pagrindo manyti, kad nemaža dalis iš minėtų 300 „sukilėliais" tapo būtent po sausio 15 d. ir jų motyvai buvo toli gražu ne patriotiniai.

Akcijos išvakarėse „nepatriotiškas" kai kurių žymių Klaipėdos krašto lietuvių elgesys buvo akivaizdus. Dr. Vilius Gaigalaitis kategoriškai atmetė pasiūlymą tapti politiniu sukilimo lyderiu, aiškindamas, kad tai nesuderinama su jo kaip dvasininko statusu. Analogišką pasiūlymą atmetė ir Jokūbas Stiklioraitis[15], teisindamasis savo sveikatos būkle. Padėtį gelbėjo Erdmonas Simonaitis, kurio sutikimą (iš anksto išsiderėjus tam tikras garantijas nesėkmės atveju) tenka vertinti kaip didelį laimėjimą, kadangi ir šio politiko atsisakymo atveju Kaunas bū-

---

14 1923. I. 8 J. Budrio įsakymas Ypatingos paskirties rinktinei/ /Ten pat. L. 23.

15 Jokūbas Stiklioraitis (Stikliorius) (1871-1942) — vienas iš žymiausių Mažosios Lietuvos veikėjų, Mažosios Lietuvos Tautos Tarybos generalinis sekretorius, nuo 1920 m. Klaipėdos Krašto Tarybos generalinis sekretorius. Pasisakė už Klaipėdos krašto sujungimą su Lietuva.

bedenkt, daß diese Information nicht bloß eine propagandistische Ente darstellte, sondern für den Chef des Generalstabs erstellt wurde, muß man sie als durchaus zuverlässig ansehen. Trotzdem spricht alles für die Annahme, daß das Verhältnis zwischen aktiv und passiv eingestellten Einwohnern zugunsten der ersteren etwas vergrößert worden ist.

Genau diese Annahme bestätigt nun auch die Tatsache, daß an dem Unternehmen selbst nur eine geringe Anzahl litauischer Memelländer teilgenommen hat — etwa 300 Menschen, während die Zahl der „Helfer" aus Litauen ungefähr 1050 betrug (40 Offiziere, 584 Soldaten, 455 Schützen).[14] Knapp jeder dritte „Aufständische" ist mithin einheimisch gewesen. Allerdings spiegeln auch diese Angaben nur teilweise die wirkliche Zahl der am „Aufstand" beteiligten Memelländer wider; während sie die Gesamtzahl festhalten, präzisieren sie nicht, wann man sich dem Unternehmen angeschlossen hat: vor oder nach dem 15. Januar. Gegenwärtig erscheint es (noch) schwierig, die zuletzt genannte Frage zu beantworten, obgleich es Anhaltspunkte dafür gibt, daß von den genannten 300 viele erst nach dem 15. Januar „Aufständische" geworden und ihre Beweggründe durchaus nicht patriotisch gewesen sind.

Am Vorabend der Aktion war das „unpatriotische" Verhalten mancher angesehenen litauischen Memelländer offensichtlich. Dr. Vilius Gaigalaitis erklärte, indem er den Vorschlag, politischer Aufstandsleiter zu werden, kategorisch zurückwies, daß eine solche Funktion mit seinem Status als Geistlicher unvereinbar sei. Ein analoges Angebot lehnte auch Jokūbas Stiklioraitis[15] ab und schützte dabei seinen Gesundheitszustand vor. Die Situation rettete Erdmonas Simonaitis, dessen Einverständnis (er hatte sich vorher bestimmte Garantien für den Fall eines Mißerfolgs ausbedungen) als ein großer Erfolg von Kaunas einzuschätzen ist; denn im Falle der Absage auch

---

14 Befehl von J. Budrys an die ausgewählte Abteilung in besonderem Einsatz vom 8. 1. 1923. Ebenda, L. 23.

15 Jokūbas Stiklioraitis (Stikliorius) (1871-1942) war eine aktive Persönlichkeit des öffentlichen Lebens in Kleinlitauen, Generalsekretär der Taryba des litauischen Volkes in Kleinlitauen, später (seit 1920) Generalsekretär der Taryba des Memelgebietes, und trat für die Vereinigung des Gebietes mit Litauen ein.

tų atsidūręs labai nepalankioje padėtyje — tuomet būtų reikėję ten-
kintis arba mažai žinomu Klaipėdos krašto lietuviu, arba (ir tai buvo
labiausiai nepageidautina) paskirti „sukilėlių" vadu didlietuvį, pana-
šiai kaip tai buvo padaryta Jono Polovinsko-Budrio atveju.

Žygio į Klaipėdą rengėjai su rimtomis problemomis susidūrė ne tik
Klaipėdoje, bet ir Kaune. Kai kurios iš jų labai charakteringos. Pvz.,
didžiausias netikėtumas „sukilimo" organizatorių laukė ieškant kari-
nio akcijos vado kandidatūros. Atrinkti kandidatai, Lietuvos karinin-
kai, paprastai prašydavo laiko pagalvoti, o po to dėl įvairiausių,
dažnai gana banalių priežasčių, atsisakydavo. Apkaltinti juos bai-
lumu, žinoma, būtų lengviausia, bet daugelis šių karininkų Nepriklau-
somybės kovose su lenkais, bermontininkais ir bolševikais buvo spėję
užsirekomenduoti kaip nepaprastai drąsūs žmonės, todėl priežasčių
reikia ieškoti kitur. Ernestas Galvanauskas, išanalizavęs tokios savo-
tiškos Lietuvos karininkų laikysenos priežastis, priėjo labai nelinksmą
išvadą — Lietuvos karininkai Klaipėdos krašto prijungimą nelaikė Tė-
vynės gynimu! Ši išvada padarė tuometiniam Lietuvos ministrui pir-
mininkui slegiantį įspūdį.[16] Taigi „patriotizmo" trūkumas buvo abipu-
sis.

Išlikę dokumentai liudija, jog prieš įžengiant „sukilėlių" kariuome-
nei į kraštą ir jos vadas Jonas Polovinskas-Budrys, ir jo viršininkai
Kaune santykiams su vietiniais gyventojais skyrė didelį dėmesį. 1923
m. sausio 6 d. Jono Polovinsko-Budrio įsakyme „sukilėliams" buvo
nurodoma atsižvelgti į gyventojų nuotaikas, susilaikyti nuo politinio
turinio kalbų, aiškinti, jog Klaipėdos krašto politinė ateitis priklausys
nuo daugumos jo gyventojų noro, kurio bus atsiklausta padėčiai sta-
bilizavusis ir „įvedus naująją tvarką". Jo buvo griežtai įsakyta nekur-

---

16 Galvanauskas E. Draugas. 1961. I. 23.

dieses Politikers wäre die litauische Regierung in eine sehr mißliche Lage geraten: Man hätte sich dann entweder mit einem wenig bekannten memelländischen Litauer zufrieden geben oder (und das war besonders ungünstig) zum „Aufstandsführer" einen Großlitauer ernennen müssen, wie es schon bei Jonas Polovinskas-Budrys geschehen war.

Die Veranstalter des Zuges nach Memel sind auf ernste Probleme nicht nur dort, sondern auch in Kaunas gestoßen. Die größten Schwierigkeiten hat den Organisatoren höchst überraschend die Suche nach geeigneten militärischen Anführern bereitet. Die ausgewählten Kandidaten, litauische Offiziere, baten in der Regel um Zeit zum Nachdenken, um dann aus verschiedenen, oft ganz banalen Gründen abzusagen. Es wäre allerdings zu einfach, sie der Feigheit zu bezichtigen, hatten sich doch die meisten dieser Offiziere in den Unabhängigkeitskämpfen mit Polen, Bermondttruppen und Bolschewiki als ausgesprochen tapfer erwiesen. Deshalb müssen die eigentlichen Gründe der Absage anderswo liegen. Ernestas Galvanauskas kam, nachdem er die Ursachen der so eigenartigen Haltung der litauischen Offiziere analysiert hatte, zu einer sehr unerfreulichen Schlußfolgerung: Die litauischen Offiziere betrachteten die Angliederung des Memelgebiets nicht als Verteidigung ihres Vaterlandes! Diese Einsicht bedrückte den damaligen litauischen Ministerpräsidenten zutiefst[16]; es gab mithin wechselseitig, bei Großlitauern wie bei Kleinlitauern, einen Mangel an „Patriotismus".

Die erhaltenen Dokumente zeugen davon, daß vor dem Einmarsch der „Freiwilligenarmee" ins Memelgebiet sowohl ihr Führer Jonas Polovinskas-Budrys als auch seine Vorgesetzten in Kaunas den Beziehungen mit der einheimischen Bevölkerung große Aufmerksamkeit gewidmet haben. Am 6. Januar 1923 wies Polovinskas-Budrys die „Aufständischen" in einem Befehl an, die Stimmung der Einwohner zu beachten, sich jeglicher politischen Aussagen zu enthalten und zu erklären, daß die politische Zukunft des Memelgebietes vom Willen der überwiegenden Bevölkerungsmehrheit abhängig und dieser sofort nach Stabilisierung der Lage und „Einführung der neuen Ordnung" zu verwirklichen sei. Polovinskas-Budrys hat ferner

---

16 Galvanauskas, wie Anm. 6, vom 23. 1. 1961.

styi luomų ir tautų neapykantos, nesikišti į vietinės administracijos
darbą. Visus santykius su krašto gyventojais rekomenduota palaikyti
per vietinius savanorius. „Priešo nėra — tik galim jį susikurti patys ne-
vykusiu elgesiu" — rašė Jonas Polovinskas-Budrys Lietuvos Genera-
linio štabo viršininkui akcijos išvakarėse.[17] „Sukilimo" išdavos Lietuvai buvo nepaprastai palankios. Kažin ar
išvis Kaune tokios sėkmės tikėtasi. Pirma, karine technine prasme ak-
cija buvo įvykdyta be priekaištų. Vietiniai vokiečiai jai nesipriešino, o
ir prancūzai nebuvo pasirengę kautis Klaipėdoje iki „paskutinio ka-
reivio"; antra, neįtikėtinai lengvai pavyko išvengti santarvininkų
kontrpriemonių bei legalizuoti po „sukilimo" susidariusią padėtį; tre-
čia — o tai Kaunui buvo nemažiau svarbu — buvo suduotas rimtas
smūgis Varšuvai, jos prestižui bei pozicijoms Baltijos regione.

Bet buvo ir susimąstyti verčiančių bei nerimą keliančių simptomų.
Klaipėdiškių ir daugumos jų lyderių laikysena (ypač iki sausio 15 d.
bei santarvininkų sausio 27 d. ultimatumo metu) liudijo, kad su nau-
jais sąjungininkais ateityje gali būti nelengva susitarti. Tačiau neatro-
dė, kad tuo metu tai būtų labai jaudinę Lietuvos politikus. Šiuo atveju
Kaunas bent jau turėjo pasirinkimą: arba tam tikromis nuolaidomis
patraukti ateityje juos į savo pusę, arba bandyti pakeisti juos Klaipė-
dos krašte patikimais žmonėmis, t. y. didlietuviais. Atrodo, kad antra-
sis variantas buvo įvertintas kaip labiau perspektyvus.

Didesnį nerimą Lietuvos vyriausybei tuo metu kėlė kitkas — netru-
kus paaiškėjo, jog Ambasadorių konferencijos Klaipėdos kraštui siū-
loma autonomija mažai kuo skyrėsi nuo freištato. Tai buvo labai

---

17 1923. I. 6. J. Budrio (Polovinsko) ir Okso (kap. Tomkaus) raportas Generalinio
štabo viršininkui/ /LVA. F. 929. Ap. 3. B. 422. L. 9-11.

streng befohlen, nicht den Haß zwischen Gesellschaftsschichten und Völkern zu schüren und sich nicht in die Arbeit der örtlichen Verwaltung einzumischen. Alle Beziehungen mit den Einwohnern des Gebietes seien, so die Empfehlung, über einheimische Freiwillige zu unterhalten. „Es gibt keinen Feind — wir können ihn nur selbst durch unser schlechtes Verhalten schaffen", schrieb Jonas Polovinskas-Budrys an den Chef des litauischen Generalstabs am Vorabend der Aktion.[17]

Die Ergebnisse des „Aufstands" waren für Litauen (zunächst) ausgesprochen günstig. Kaunas hatte einen solchen Erfolg kaum erhofft. Erstens wurde die Aktion, was die militärische Seite anbelangt, makellos durchgeführt. Die einheimischen Deutschen leisteten keinen Widerstand; auch die Franzosen waren nicht bereit, im Memelland „bis zum letzten Soldaten" zu kämpfen. Zweitens ist es unschwer gelungen, Gegenmaßnahmen der Alliierten zu vermeiden und die nach dem „Aufstand" entstandene Situation zu legalisieren. Drittens — und das war für Kaunas nicht weniger wichtig — wurde Warschau, seinem Prestige und seinen Positionen im Ostseeraum ein ernster Stoß versetzt.

Freilich gab es auch beunruhigende Symptome, die zum Nachdenken zwangen. Die Haltung der memelländischen Litauer und der meisten ihrer Führer (insbesondere bis zum 15. Januar und während des Ultimatums vom 27. Januar) hatte gezeigt, daß es in der Zukunft nicht leicht sein würde, sich mit den Verbündeten zu verständigen. Allerdings schien dies zu jener Zeit die litauischen Politiker nicht sonderlich zu beunruhigen, verfügte Kaunas doch über mindestens zwei freie Wahlmöglichkeiten: entweder mit bestimmten Zugeständnissen die litauischen Memelländer auf seine Seite zu ziehen, oder zu versuchen, sie durch im Memelgebiet zuverlässige Menschen, d. h. Großlitauer, zu ersetzen. Kaunas hielt, wie es scheint, die zweite Variante für die aussichtsreichere.

Größere Besorgnis erregte bei der litauischen Regierung damals etwas anderes: Es stellte sich nämlich bald heraus, daß sich die von der Botschafterkonferenz vorgeschlagene Autonomie für das Memelgebiet sehr wenig von der Freistaatslösung unterschied. Das war sehr

---

17 Wie Anm. 13, L. 9-11.

būdinga, kadangi liudijo apie „Keturių didžiųjų" valstybių (Didžiosios Britanijos, Prancūzijos, Italijos, Japonijos) požiūrį į tas sąlygas, kuriomis Klaipėda bus perleista Lietuvai. Tai buvo „pirmas skambutis prie durų", reiškęs, jog ateityje santarvininkų faktoriaus vaidmuo Klaipėdos klausimu gali būti visai ne toks, kokio buvo tikimasi Lietuvoje. Diskusijos su Ambasadorių konferencija, vėliau Tautų Sąjungos komisija, vyko ne dėl principinio klausimo — reikalingas kraštui autonomijos statusas ar ne — o dėl jo turinio. Sudėtinga diplomatinė kova pasibaigė 1924 m. gegužės mėn. Klaipėdos konvencijos ir statuto priėmimu. Lietuvos istoriografijoje buvo išsakyta nemažai priekaištų Konvencijos ir statuto turiniui, kartais suponuojama, kad vyriausybė padarė klaidą, sutikdama su tokia plačia krašto autonomija. Faktiškai 1924 m. gegužes 8 d. konvenciją reikėtų vertinti kaip kompromisinį dokumentą, kurį pasiekti Lietuvai pavyko dėl Tautų Sąjungos komisijos ir jos pirmininko Normano Davis'o bešališkumo; galvoti, kad Lietuvos vyriausybė 1923 m. galėjo prisijungti Klaipėdą „su mažesniais nuostoliais", reiškia nesiskaityti su tuometinėmis realijomis ir Lietuvos galimybėmis. Iš to, kas pasakyta, išplaukia, jog kalbėti apie vyriausybės klaidą netenka. Priešingai, tai viena ryškiausių jaunos Lietuvos diplomatijos pergalių. O dėl Konvencijos ir Statuto turinio vertinimo naudinga būtų prisiminti žymaus Lietuvos teisininko Mykolo Riomerio mintį, jog iš esmės buvo nesvarbu, kad Statutas turėjo spragų ir neaiškumų, kadangi joks naujas teisės kūrinys negali būti tobulas ir viską numatyti iš anksto bei a priori išspręsti. Užteko, kad sutartos konstrukcijos principai būtų aiškūs ir tvirti. O jie tokie ir buvo, kadangi po Konvencijos pasirašymo Klaipėdos kraštas atsidūrė Lietuvos suverenitete.[18]

---

18 Riomeris M. Lietuvos konstitucinės teisės paskaitos. Vilnius, 1990. P. 178-179.

symptomatisch für die Einstellung „der vier Großen" (Großbritannien, Frankreich, Italien und Japan), unter welchen Bedingungen sie Memel Litauen überlassen wollten. Es war „das erste Klopfen an die Tür", das anzeigte, daß die Rolle der Alliierten in der Memelfrage künftig nicht ganz so sein würde, wie man es in Litauen erwartet hatte.

Diskussionen mit der Botschafterkonferenz und später mit dem Ausschuß des Völkerbundes behandelten nicht die Grundfrage: Autonomie für das Gebiet ja oder nein, sondern den Inhalt der Autonomie. Das komplizierte diplomatische Ringen endete im Mai 1924 mit der Annahme der Memelkonvention und des Memelstatuts. Gegen deren Inhalt sind in der litauischen Geschichtsschreibung viele Vorwürfe erhoben und dabei gelegentlich unterstellt worden, daß die Regierung einen Fehler gemacht habe, als sie einer so weitgehenden Autonomie für das Memelgebiet ihre Zustimmung gab. Dabei muß die Konvention vom 8. Mai 1924 eigentlich als Kompromißdokument eingeschätzt werden, das Litauen nur dank der Unparteilichkeit des Ausschusses des Völkerbundes und seines Vorsitzenden Norman Davis erreichen konnte. Die Ansicht, die litauische Regierung hätte das Memelland mit kleineren Verlusten „angliedern" können, läßt die damaligen Realitäten und tatsächlichen Möglichkeiten Litauens ausser acht. Daraus folgt wiederum, daß hier von Regierungsfehlern keine Rede sein kann. Es handelt sich vielmehr ganz im Gegenteil um eine der bemerkenswertesten Leistungen der jungen litauischen Diplomatie. Was schließlich die Einschätzung des Inhalts der Memelkonvention und des Memelstatuts anbelangt, wäre es nützlich, sich an einen Gedanken des berühmten litauischen Juristen Mykolas Riomeris zu erinnern: Danach ist es im Grunde nicht wichtig, ob das Statut Lücken oder Undeutlichkeiten enthielt; kein neues rechtliches Werk könne vollkommen sein und alles voraussehen bzw. a priori entscheiden. Es reiche aus, wenn die Grundsätze des verabredeten Gebildes deutlich seien. Und das sei auch so gewesen, denn nach der Unterzeichnung der Konvention geriet das Memelland unter die Souveränität Litauens.[18]

---

18 Mykolas Riomeris, Lietuvos konstitucinės teisės paskaitos (Vorlesungen zum litauischen Verfassungsrecht). Vilnius 1990, S. 178-179.

Retrospektyviai žiūrint Klaipėdos Konvencija bei Statutas buvo istorinis šansas Lietuvai ir klaipėdiškiams. Laikantis šios konvencijos principinių nuostatų, modifikuojant ją pagal laikmečio dvasią, buvo galima tikėtis abiejų pusių (Centro ir autonomistų) interesų suderinimo bei stabilaus koegzistavimo. Deja, ši istorinė proga buvo praleista dėl abipusės kaltės.

Centro vyriausybė ir Klaipėdos krašto gyventojai nevienodai žiūrėjo į Konvenciją bei Statutą. Žinoma, šis požiūris, veikiamas vienų ar kitų aplinkybių, kito ir nebuvo pastovi kategorija. Vis dėlto esminės nuostatos liko tos pačios. Kaune autonominis krašto statusas buvo traktuojamas kaip laikina būsena. Daugelis Kauno politikų laikėsi nuomonės, jog dėl savo geografinės padėties, ypač dėl patogaus uosto, Klaipėdos integravimas buvo gyvybiškai svarbi Nepriklausomos Lietuvos pilnakraujo ekonominio funkcionavimo sąlyga. Kita vertus, bent jau trečiame dešimtmetyje autonominis krašto statusas Kaune nebuvo traktuojamas kaip rimta kliūtis minėtiems tikslams pasiekti. Jis buvo įsivaizduojamas tik kaip tam tikras etapas integracijos kelyje. Tačiau tolesni įvykiai parodė, jog prisijungti šį kraštą buvo lengviau nei jį integruoti.

Nebuvo vienybės požiūryje į Konvenciją bei Statutą ir tarp pačių klaipėdiečių: vietiniai lietuviai ir vokiečiai, bent jau pradžioje, skirtingai matė savo perspektyvą. Klaipėdiškiams lietuviams autonominis statutas atrodė pakankamu ateities garantu, gynusiu juos nuo didlietuvių invazijos visose gyyvenimo sferose. Naudodamiesi nauja padėtimi, jie tikėjosi pamažu atkovoti iš vokiečių jų turėtas pozicijas ir užimti vyraujančią padėtį krašte. Deja, susidūrus su jų interesų nesupratimu, dalies Klaipėdos krašto lietuvių entuziazmas greit atvėso. Įsitikinę, jog Centro valdžia užuot rėmusis jais, proteguoja didlietuvius,

Im historischen Rückblick eröffneten die Memelkonvention und das Memelstatut eine historische Chance für Litauen und die litauischen Memelländer. Wenn man sich an grundsätzliche Vorschriften hält und sie zeitgemäß modifiziert, kann man auf Vereinbarkeit der Interessen beider Seiten (des Zentrums wie der Autonomisten) und auf stabile Koexistenz hoffen. Diese historische Gelegenheit wurde leider verpaßt — und das war die Schuld beider Seiten.

Die Zentralregierung und die Einwohner des Memellandes bewerteten die Memelkonvention und das Memelstatut unterschiedlich. Ihre Ansichten waren allerdings der Einwirkung verschiedener Faktoren ausgesetzt, änderten sich und stellten keine konstante Kategorie dar. In Kaunas wurde der autonome Status des Memelgebietes als zeitweiliger Zustand auf dem Weg zur völligen Integration in den litauischen Staat angesehen. Die meisten großlitauischen Politiker vertraten die Auffassung, daß wegen der geographischen Lage und besonders wegen des bequem gelegenen Hafens die Integration des Memelgebietes eine lebenswichtige Voraussetzung für das vollwertige ökonomische Funktionieren des unabhängigen Litauen sei. Andererseits betrachtete man in Kaunas, zumindest in den 20er Jahren, die Autonomie des Memelgebietes nicht als ernstes Hindernis auf dem Weg zum Erreichen der gerade genannten Ziele. Man sah darin wahrscheinlich nur eine bestimmte Etappe im Integrationsprozeß. Die weiteren Ereignisse zeigten jedoch, daß es leichter war, das Memelgebiet anzugliedern, als es zu integrieren.

Auch unter den Memelländern gab es keine einheitliche Meinung über die Memelkonvention und das Memelstatut. Die einheimischen Litauer und Deutschen verbanden damit, wenigstens am Anfang, unterschiedliche Perspektiven. Für die litauischsprachigen Memelländer schien der Autonomiestatus insofern ein ausreichender Garant für die Zukunft zu sein, als er sie in allen Lebensbereichen vor einer Invasion der Großlitauer schützen würde. Sie hofften auch darauf, diese neue Situation ausnutzen zu können, um allmählich die Deutschen aus ihren Führungspositionen zu verdrängen und selbst eine vorherrschende Stellung im Memelgebiet zu gewinnen. Als die litauischen Memelländer auf Unverständnis ihrer Interessen stießen, nahm bei einem Teil von ihnen der Enthusiasmus leider bald ab. Nachdem sie sich überzeugt hatten, daß die Zentralgewalt, statt sich auf sie zu stützen, Großlitauer protegierte, begannen die memelländischen Litauer

vietiniai lietuviai pamažu ėmė artėti prie vokiečių, kurie jiems atrodė kaip jų naturalūs sąjungininkai, kadangi taip pat kovojo už autonomiją ir prieš didlietuvių įsitvirtinimą krašte. Daugumai vokiečių nauja padėtis atrodė laikina. Besivadovaujantiems šūkiu „Nemunas yra mūsų upė, bet ne mūsų siena" Klaipėda Lietuvos suverenitete atrodė kaip didžiausia istorinė neteisybė ir klaida, kuri anksčiau ar vėliau būsianti atitaisyta. Todėl Konvenciją bei Statutą traktuodami kaip laikiną reiškinį, jie laikėsi tik tų šio dokumento nuostatų, kurie gynė vokišką pozicijas krašte ir kiekviena proga, dažnai nevengdami demonstracijų, ignoravo tuos Statuto punktus, kurie turėjo užtikrinti Lietuvos valstybės interesus. Taigi tam tikra prasme, kad ir kaip tai atrodytų paradoksalu, Centro valdžios ir radikaliausių jos oponentų požiūriai į Statutą sutapo: šis dokumentas geras tiek, kiek jis atitinka savo interesus. Taip Klaipėdos krašte buvo užprogramuotas konfliktas, o po Centro valdžios ir „autonomistų" santykių pamatais buvo padėta bomba su laikrodžio mechanizmu, kurio rodyklė nenumaldomai artėjo prie lemtingos padalos ...

Prasidėjo ištisus 15 metų trukusi kova „kas — ką", kuri vyko praktiškai visose krašto gyvenimo srityse, pradedant lietuviškais užrašais Klaipėdos gatvėse, baigiant ginčais dėl statuto interpretavimo Ženevoje bei Hagoje ir rungimusi dėl krašto rinkėjų balsų. Šioje priešpriešoje neliko nuošalyje nei teismai, nei mokyklos. Kovojama buvo ne tik dėl atskirų rinkėjų balsų, bet ir dėl atskirų socialinių grupių (tarnautojų, valstiečių, inteligentijos). Šioje kovoje, be Centro valdžiai bei Klaipėdos kraštui atstovaujančių jėgų, aktyviai dalyvavo ir išoriniai veiksniai, į ją buvo įtrauktos ir tarptautinės organizacijos bei institucijos.

den Deutschen näher zu treten, die insofern ihre natürlichen Verbündeten zu sein schienen, als sie ebenfalls mit Berufung auf die Autonomie gegen die Einbürgerung der Großlitauer im Memelgebiet kämpften.

Für die meisten Deutschen schien die neue Situation zeitlich befristet zu sein, nur Übergangscharakter zu haben. Denjenigen, die von dem Spruch „Die Memel ist unser Fluß, nicht aber unsere Grenze" ausgingen, erschien die Unterstellung des Memelgebietes unter die Souveränität Litauens als größte historische Ungerechtigkeit und als der größte Fehler, der früher oder später korrigiert werden müßte. Deshalb hielten sie sich, während sie die Memelkonvention und das Memelstatut als zeitweilige Erscheinung betrachteten, nur an die Bestimmungen dieses Dokuments, die die Position der Deutschen im Memelland verteidigten, und sie ignorierten unter jedem Vorwand, häufig mit Hilfe von Demonstrationen, jene Punkte des Memelstatuts, welche die Interessen des litauischen Staates sichern sollten. In gewisser Hinsicht stimmten mithin, so paradox es auch erscheinen mag, die Stellungnahmen der Zentralgewalt in Kaunas und die ihrer radikalsten Opponenten zum Memelstatut überein: Dieses Dokument sei nur insofern gut, so argumentierten sie, als es ihre Interessen verteidige. Damit wurde im Memelgebiet eine Konfliktsituation geschaffen und das Grundverhältnis zwischen Zentralgewalt und Autonomisten mit einer Zeitbombe ausgestattet, deren Uhrzeiger sich unerbittlich der entscheidenden Ziffer näherten.

Es begann ein 15jähriger Kampf „wer-wen", der praktisch alle Lebensbereiche des Memelgebietes einbezog: von litauischen Aufschriften auf den Straßen von Memel, Auseinandersetzungen über die Interpretation des Memelstatuts in Genf und Den Haag, bis zum Ringen um Wählerstimmen. Weder Gerichtsbehörden noch Schulen blieben verschont. Man kämpfte nicht nur um Stimmen einzelner Wähler, sondern ganzer sozialer Gruppen (um Beamte, Bauern, die Intelligenz). Außer denen, die die Zentralgewalt und das Memelgebiet vertraten, nahmen daran auch auswärtige Kräfte aktiv teil; selbst internationale Organisationen und Institutionen wurden eingeschaltet.

Dieser Kampf, ausgetragen von 1923 bis 1939, besaß seine eigene Dynamik, innere Logik und mehrstufige Chronologie. Zur Herausarbeitung wesentlicher Bestimmungsmerkmale erscheint eine zeitliche Gliederung in drei Etappen, vornehmlich entsprechend der Amts-

Ši kova turėjo savo dinamiką, vidinę logiką ir chronologiją. Tyrimo patogumo dėlei 1923-1939 m. laikotarpį, pagal gubernatorių valdymo kadencijas, sąlyginai būtų galima suskirstyti į tris etapus:
1) 1923. 02. 24-1927. 09. 01;
2) 1927. 09. 01-1935. 04. 04;
3) 1935. 04. 04.-1939. 03. 23.

Pirmąjį būtų galima apibūdinti kaip „Neišnaudotų galimybių" etapą. Retrospektyviai žiūrint, tai buvo pats palankiausias laikotarpis Centro valdžiai įsitvirtinti Klaipėdos krašte. Tam būta keletas priežasčių: trečiojo dešimtmečio viduryje opozicinės Lietuvai jėgos krašte buvo dar nepakankamai susiorganizavusios, todėl daug vilčių dėta į greitą ir efektyvią Centro palaikomų prolietuviškų jėgų konsolidaciją ir jų įtakos sustiprėjimą. Buvo pagrindo tikėtis, jog tvirtos lietuviškos valiutos (lito) įvedimas, kaip ir ekonominio užnugario atsiradimas Klaipėdos uostui teigiamai paveiks krašto ekonomiką. Kita vertus, ir galingasis kaimynas anapus Nemuno dar nebuvo atsigavęs ekonomiškai, o ir Veimaro Vokietijos užsienio politikos kursas pasižymėjo tam tikru nuosaikumu.

Pradžia buvo daug žadanti. Ernestui Galvanauskui esant Lietuvos ministru pirmininku, Klaipėdos krašto reikalams buvo skiriama ypač daug dėmesio. Jis ne tik siekė sustiprinti Lietuvos pozicijas krašte ir maksimaliai išnaudoti uostą valstybės interesams, bet ir su labai didele atyda žiūrėjo į klaipėdiečių reikalus.

Deja, ne visi Lietuvos politikai pasižymėjo tokiu lankstumu. Be to, netrukus paaiškėjo, jog krašto integravimo procesas susiduria su sunkumais, kuriuos dėl objektyvių priežasčių buvo nelengva išspręsti. Pvz., įvedus litą (1923. 02. 28-1923. 05. 28) savo operacijas krašte pradėjo Lietuvos Bankas, tačiau jos buvo tokios siauros, jog pirkliai ir pramonininkai ėmė skųstis Lietuvos Banko napajėgumu bei kreditų stoka. Kita vertus, agrarinei ir ekonomiškai silpnai Lietuvai integruoti aukštesnės žemės ūkio kultūros kraštą savaime turėjo būti sunku.

Netrukus susidūrė Lietuvos ir Klaipėdos krašto ūkininkų interesai, juo labiau, jog svarbiausia jų eksporto prekė buvo ta pati — kiaulės, o ir parduodamos jos buvo daugiausia toje pačioje Vokietijos rinkoje.

dauer der litauischen Gouverneure im Memelgebiet, naheliegend:
1) 24. Februar 1923 bis 1. September 1927;
2) 1. September 1927 bis 4. April 1935;
3) 4. April 1935 bis 23. März 1939.

Die erste Etappe könnte am ehesten als die der „nicht ausgenutzten Möglichkeiten" bezeichnet werden; sie war, jedenfalls im historischen Rückblick, am günstigsten für die Festigung der Zentralgewalt im Memelland. Dafür sprachen einige gute Gründe: Mitte der zwanziger Jahre waren die gegen Litauen gerichteten Oppositionskräfte noch nicht genügend organisiert, deshalb setzte man große Hoffnungen auf eine schnelle und effektive Konsolidierung der vom Zentrum unterstützten prolitauischen Kräfte und auf deren verstärkten Einfluß. Ferner erschien die Annahme gut begründet, daß die Einführung der festen litauischen Währung (des Litas) sowie die Herausbildung eines gesicherten ökonomischen Rückhalts für den Memeler Hafen sich positiv auf die Wirtschaft des gesamten Gebietes auswirken werden. Auf der anderen Seite hatte sich der mächtige Nachbar hinter der Memel noch nicht wirtschaftlich erholt. Darüberhinaus zeichnete sich damals der außenpolitische Kurs der Weimarer Republik durch eine gewisse Zurückhaltung aus.

In der Tat war der Anfang verheißungsvoll. Der litauische Ministerpräsident Ernestas Galvanauskas widmete dem Memelgebiet besondere Aufmerksamkeit. Er war nicht nur bestrebt, die dortigen litauischen Positionen zu stärken und den Hafen im Interesse des Landes maximal auszunutzen, sondern er hatte auch stets ein offenes Ohr für die Angelegenheiten der Memelländer.

Leider waren nicht alle litauischen Politiker so einfühlsam. Außerdem stellte sich heraus, daß der Integrationsprozeß im Memelland auf Probleme stieß, die aus objektiven Gründen nicht leicht gelöst werden konnten. So nahm etwa nach der Einführung des Litas (28. Februar 1923 bis 28. Mai 1923) die Litauische Bank ihre Tätigkeit in Memel und im Memelgebiet mit einem so geringen finanziellen Volumen auf, daß Geschäftsleute und Industrielle anfingen, sich über Unfähigkeit und Kreditmangel der Bank zu beklagen. Andererseits ist es für das ökonomisch schwache Agrarland Litauen natürlich schwierig gewesen, das agrarisch höherentwickelte Memelgebiet zu integrieren.

Kurz darauf entstand ein heftiger Interessenkonflikt zwischen den Bauern in Litauen und im Memelgebiet. Beide erzeugten die gleiche

Negalėdami konkuruoti pigioje ir perpildytoje Lietuvos rinkoje, klaipėdiečiai ūkininkai labiausiai bijojo netekti Vokietijos rinkos, todėl bet kokie suvaržymai šioje srityje jiems buvo nepriimtini. Pažymėsime, jog Klaipėdos krašto valstiečiai (laukininkai) didžiąja dalimi buvo lietuvių kilmės, t. y. tai buvo kaip tik tas sluoksnis, kuris galėjo tapti Centro valdžios atrama. Tokių vilčių Kaune būta, deja, joms nebuvo lemta išsipildyti.

Nors kova šiame etape didele jėgų įtampa nepasižymėjo, aštrių momentų netrūko. Vienas pačių nemaloniausių šio laikotarpio epizodų — 1923 m. balandžio 6-11 d. neramumai. Kas gi vyko tomis dienomis Klaipėdoje?

Balandžio 4 d. čia buvo surengta darbininkų komunistų demonstracija, kurios dalyviai, vokiškai dainuodami „Marselietę", žygiavo į Teatro aikštę, kur įvyko mitingas. Kitą dieną komunistai vėl pradėjo rinktis, viešai protestuodami prieš Ruro okupaciją. Kadangi demonstracijai nebuvo duotas valdžios leidimas, Jono Budrio-Polovinsko įsakymu policija išsklaidė ją. Mieste susidarė labai įtempta padėtis. Pasinaudodama palankiu momentu, vokiečių darbininkų profesinė sąjunga „Gewerkschaft" balandžio 6 d. paskelbė visuotinį streiką. Streikavo pašto, telefono, telegrafo, elektros stoties tarnautojai ir daugumos privačių įmonių darbininkai. Krašto ryšiai bei ūkis buvo paraližuoti. Streikuojantys kėlė ne tik ekonominius, bet ir politinius reikalavimus, kurie buvo lyg nurašyti iš Heimatbundo programos. Jie pasiuntė savo atstovus pas vyriausiąjį Lietuvos įgaliotinį Joną Budrį-Polovinską, tačiau pastarasis pareiškė atvykusiems, jog kol streikas nebus nutrauktas, jis į jokias derybas nesileis ir perspėjo, jog kita dele-

Exportware, nämlich Schweine, die sie hauptsächlich auf dem gleichen Markt, nämlich in Deutschland, verkauften. Da die memelländischen Bauern auf dem billigen und überfüllten litauischen Agrarmarkt nicht konkurrieren konnten, fürchteten sie am meisten, den deutschen Markt einzubüßen, waren für sie alle diesbezüglichen Beschränkungen unannehmbar. Andererseits waren, worauf ebenfalls hinzuweisen ist, die memelländischen Bauern größtenteils litauischer Herkunft und damit gerade die Schicht gewesen, die zur Stütze der Zentralgewalt werden konnte. In Kaunas hegte man solche Hoffnungen, die sich aber leider nicht erfüllten.

Obwohl den Auseinandersetzungen in dieser ersten Etappe kein hohes Spannungsniveau eigen war, gab es doch auch Momente scharfer Konfrontation. Zu den unangenehmsten Vorkommnissen gehörten Unruhen in Memel vom 6. bis 11. April 1923. Was ist eigentlich an diesen Tagen geschehen?

Am 4. April wurde in Memel eine kommunistische Arbeiterdemonstration veranstaltet, deren Teilnehmer, wie aus Zeitungsberichten und litauischen Dokumenten hervorgeht, die Marseillaise auf Deutsch sangen und zum Theaterplatz marschierten, wo eine Kundgebung stattfand. Am nächsten Tag versammelten sich die Kommunisten wieder und erklärten öffentlich ihren Protest gegen die französische Besetzung des Ruhrgebiets. Da die Demonstration ohne Erlaubnis der litauischen Staatsgewalt durchgeführt wurde, trieb die Polizei sie auf Anordnung von Jonas Polovinskas-Budrys auseinander. In der Stadt entstand eine sehr gespannte Atmosphäre. Am 6. April rief die Gewerkschaft der deutschen Arbeiter den Generalstreik aus. An ihm nahmen Beamte und Angestellte der Post, des Fernsprech- und Telegraphenamtes, des Elektrizitätswerks und Arbeiter der meisten Privatfirmen teil. Das Meldewesen und die Wirtschaft des Gebietes wurden lahmgelegt. Die Streikteilnehmer erhoben nicht nur ökonomische, sondern auch politische Forderungen, die wie vom Programm des Heimatbundes (der Dachorganisation der Memeldeutschen) abgeschrieben erschienen. Sie sandten ihre Vertreter zum litauischen Obersten Bevollmächtigten Jonas Polovinskas-Budrys, der aber erklärte, vor Unterbrechung des Streiks in keine Verhandlungen einzutreten und zugleich die Verhaftung der nächsten Delega-

42

gacija bus areštuota.[19] Valdžios duomenimis, streikininkai turėjo ginklų, todėl buvo kreiptasi pagalbos į Generalinį štabą sustiprinti Klaipėdos įgulą ir sienos su Vokietija apsaugą. Be to, minėto susitikimo metu Jonas Budrys-Polovinskas davė suprasti streikininkams, kurių daugumas, beje, buvo Vokietijos piliečiai, jog jiems atsisakant dirbti įstaigose, jam belieka padėkoti už ankstesnį darbą ir pasiūlyti apleisti kraštą. Šie argumentai atvėsino daugumą karštų galvų ir jau kitą dieną valdininkai ėmė grįžti į darbą. Pažymėtina, jog balandžio 7 d. pas Vyriausiąjį Lietuvos įgaliotinį apsilankė Vokietijos konsulas, kuris užtikrino, jog visi vokiečių valdininkai „dirbo ir dirbs".[20] Tai demoralizuojančiai paveikė streikuojančius, kurie ėmė garsiai kalbėti, jog buvo suvedžioti svetimų agitatorių.

Tuomet streiko organizatoriai ėmė kurstyti geležinkeliečius. Neramumai persimetė ir į kitas vietoves. Krašte sklido (ar buvo sąmoningai skeidžiami) neįtikėtini gandai. Antai pasklidus gandui, jog Prancūzija ruošiasi pasiūlyti Lietuvai Tilžę, neramumai prasidėjo net kairiajame Nemuno krante. Įtampa dar labiau išaugo, kai šeštadienio naktį Klaipėdoje nežinomi asmenys nuvertė Vilhelmo Didžiojo ir Borusijos paminklus. Ši provokacija pavyko — sekmadienį Smeltės priemiestyje susirinko minia, kuri po neilgo mitingo, skanduodama antilietuviškus lozungus („šalin viską, kas lietuviška!" etc.) ir viešai grasindama susidoroti su lietuvių veikėjais, patraukė į miesto centrą. Demonstrantai elgėsi labai agresyviai ir visai nereagavo į energingus policijos raginimus išsiskirstyti. Kuomet riaušininkų šūvis su-

19 1923. IV. 3 J. Budrio pranešimas Krašto apsaugos ministrui/ /LVA. F. 929. Ap. 3. B. 423. L. 150-150 a.

20 1923. IV. 7 J. Budrio telefonograma į Kauną/ /Ten pat. L. 154.

tion androhte.[19] Nach Angaben der litauischen Behörden besaßen die Streikenden Waffen; deshalb erging an den Generalstab das Ersuchen, die Besatzung von Memel und den Schutz der Grenze zu Deutschland zu verstärken. Außerdem gab Jonas Polovinskas-Budrys während des genannten Zusammentreffens den Streikenden, von denen übrigens die meisten die deutsche Staatsangehörigkeit besaßen, deutlich zu verstehen, daß im Falle ihrer Weigerung, die Arbeit wieder aufzunehmen, nichts anderes zu tun übrig bliebe, als ihnen mit Dank für die geleistete Arbeit zu empfehlen, das Land zu verlassen. Diese Argumente brachten die meisten Streikenden zur Vernunft, und schon am nächsten Tag fingen die Beamten an, ihre Arbeit wieder aufzunehmen. Am 7. April suchte übrigens, wie noch anzumerken ist, der deutsche Konsul den litauischen Obersten Bevollmächtigten auf und versicherte ihm, daß alle deutschen Beamten „gearbeitet haben und arbeiten werden".[20] Dieser Vorgang wirkte auf die Streikenden demoralisierend und veranlaßte sie, laut über fremde Agitatoren zu klagen, von denen sie verleitet worden wären.

Dann fingen die Veranstalter des Streiks an, die Eisenbahner aufzuhetzen. Die Unruhen griffen auf andere Teile des Memelgebietes über, und es verbreiteten sich unglaubliche, wohl absichtlich ausgestreute Gerüchte. So verursachte die aus der Luft gegriffene Behauptung, daß Frankreich bereit sei, Tilsit Litauen zu überlassen, Unruhen am linken Ufer des Memelflusses. Die Spannung nahm noch zu, als unbekannte Personen am Sonnabend, in der Nacht, das Kaiser Wilhelm- und das Borussia-Denkmal in Memel demolierten. Diese Provokation hatte den gewünschten Erfolg: Am Sonntag versammelte sich in der Vorstadt Schmelz eine Menschenmenge, die nach einer kurzen Kundgebung mit antilitauischen Losungen („Nieder mit allem, was litauisch ist!") und öffentlichen Drohungen, mit litauischen Politikern abzurechnen, ins Stadtzentrum zog. Die Demonstranten verhielten sich sehr aggressiv, reagierten überhaupt nicht auf die energische Aufforderung der Polizei auseinanderzugehen. Nach Schüssen der Anführer und der Verwundung eines litauischen Soldaten, der

---

19 Bericht von J. Budrys an den Minister für Landesverteidigung vom 3. 4. 1923. LStA, F. 929, Ap. 3, B. 423, L. 150-150 atv.

20 Telefonat von J. Budrys nach Kaunas vom 7. 4. 1923. Ebenda, L. 154.

žeidė Lietuvos kareivį, saugojusį elektros stotį, valdžia nusprendė panaudoti ginklą tvarkai atstatyti. Vyriausybės oficiozo duomenimis, minioje buvo vienas užmuštas ir šeši sužeisti.[21] Vokietijos radijas teigė, jog žuvo keturi klaipėdiečiai. Remiantis Jono Budrio-Polovinsko ir Generalinio štabo susirašinėjimu, atrodytų, jog buvo du užmušti ir keletas sužeistų.

Padėtimi Klaipėdos krašte buvo nepatenkinti ir vietiniai lietuviai. Balandžio 7 d., t. y. antrą visuotinio streiko dieną, Vyriausiasis Mažosios Lietuvos Gelbėjimo Komitetas pasiuntė memorandumą Lietuvos ministrui pirmininkui. Verta įsigilinti į šio dokumento, atspindinčio lojalių Lietuvai vietinių lietuvių požiūrį dėl susidariusios padėties, turinį. Jame teigiama, jog „paskutiniu laiku tarp mūsų krašto gyventojų susidare ūpas, kuris visiškai priešingas mūsų valstybiniam nusistatymui. Priežastimi šito mes laikome tai, kad Lietuvos vyriausybės įstaigos per ūmai stengiasi panaikinti tam tikrose srityse buvusiąją tvarką ir įvesti savąją". Ypač pažymimas nesiskaitymas su vietiniais valdininkais — „per tai ir įnešamas į viso krašto gyventojus didis neramumas, ir net lietuviai tautininkai, kurie yra ilgus metus dirbę už susijungimą su Lietuva, šiandien ima abejoti, ar tikru keliu yra ėję ... ". Grėsmingai skamba Vyriausiojo Mažosios Lietuvos Gelbėjimo Komiteto perspėjimas, kad „jeigu ir toliau taip eis, tai neilgai trukus didžiausia dalis krašto gyventojų sukils ir tuomet Lietuvos suverenumo palaikymas be kraujo praliejimo nebus galimas". Kad šie perspėjimai buvo pagrįsti, parodė keleto kitų dienų įvykiai.

Ką gi siūlė vietinių lietuvių lyderiai? Reikalaudami griežtų permainų, pirmiausia jie patarė, kad Centro valdžia neleistų jokių įsakymų ar

---

21 Lietuva. 1923. IV. 12. Nr. 80.

das Elektrizitätswerk bewachte, beschloß die Vertretung der litauischen Staatsmacht in Memel, zur Wiederherstellung der Ordnung Waffengewalt anzuwenden. Nach Angaben des offiziösen Presseorgans der litauischen Regierung wurden dabei in der Menge eine Person getötet und sechs verwundet.[21] Der deutsche Rundfunk behauptete, daß vier Memelländer gefallen seien. Folgt man dem Schriftwechsel zwischen Jonas Polovinskas-Budrys und dem litauischen Generalstab, gab es zwei Tote und mehrere Verletzte.

Mit der im Memelgebiet entstandenen Lage waren auch die einheimischen Litauer unzufrieden. Am 7. April, dem zweiten Tag des Generalstreiks, sandte das Oberste Komitee für die Rettung Kleinlitauens ein Memorandum an den litauischen Ministerpräsidenten. Es erscheint geboten, sich in dessen Inhalt zu vertiefen, weil darin die Einstellung der Litauen gegenüber loyalen einheimischen Memelländer zu den gerade geschilderten Ereignissen deutlich zutage tritt. Wörtlich heißt es im Memorandum, daß „sich in der letzten Zeit unter den Einwohnern unseres Gebietes eine Stimmung herausgebildet hat, die unserer staatlichen Einstellung ganz und gar widerspricht. Die Ursache dafür liegt, unserer Meinung nach, darin, daß sich die litauischen Behörden zu sehr beeilen, in bestimmten Gebieten die frühere Ordnung aufzuheben und ihre eigene einzuführen." Besonders hervorgehoben und kritisiert wird die Mißachtung örtlicher Beamter und Organe: „Dadurch versetzt man die Einwohner des ganzen Gebietes in große Aufregung, und sogar die nationalorientierten Litauer, die jahrelang mit ihrer Tätigkeit nach ihrer Vereinigung mit Litauen gestrebt haben, beginnen heute zu zweifeln, ob sie den richtigen Weg gegangen sind …". Ausgesprochen drohend klingt die Warnung des Obersten Komitees für die Rettung Kleinlitauens, daß, „wenn es so weitergeht, sich in kurzer Zeit der größte Teil der Einwohner erheben und die Erhaltung der Souveränität ohne Blutvergießen unmöglich sein wird." Daß diese Warnungen nicht unbegründet waren, zeigten die weiteren Ereignisse nach dem 7. April.

Was schlugen nun die Vertreter der einheimischen Litauer vor? Sie forderten entscheidende Veränderungen und dabei in erster Linie, daß die Zentralgewalt keine Befehle oder Dekrete zu Angelegenhei-

---

21 Lietuva vom 12. 4. 1923, Nr. 80.

46

dekretų dėl krašto reikalų, prieš tai nepasitarusi su „vietiniais žmonėmis". Įsakmiai prašė, jog Lietuvos Vyriausybės Įgaliotinis turėtų reikiamas kvalifikacijas, o jo pavaduotoju būtų skiriamas klaipėdiškis. Atrodo, jog šis memorandumas padarė reikiamą įspūdį Kaune, nes ant šio dokumento yra Ministrų kabineto kanceliarijos viršininko Vinco Mašalaičio 1923 m. balandžio 9 d. rezoliucija: „Ministrų kabinetas, apsvarstęs Klaipėdos krašto vidaus padėtį, nutaria, kad 1) Lietuvos Valstybės Įgaliotinis Klaipėdos krašte dirbtų išklausęs Vyriausiąjį Mažosios Lietuvos Gelbėjimo Komitetą, 2) [pavesti] Vidaus Reikalų Ministerijai ištirti Klaipėdos įvykius".[22]

Padėtis Klaipėdoje kėlė didelį nerimą ir Lietuvos ministrui pirmininkui Ernestui Galvanauskui, tuo metu buvusiam Paryžiuje. Sužinojęs apie balandžio mėn. įvykius, jis pasiuntė telegramą į Kauną, kurioje, pažymėdamas, kad klaipėdiečius labiausiai erzina nesiskaitymas su jų papročiais, kategoriškai reikalavo būti labai atsargiems santykiuose su Klaipėdos įstaigomis, ypač jų valdininkais.[23] Deja, Vinco Mašalaičio rezoliucijos primasis punktas bei Ernesto Galvanausko rekomendacijos netapo Lietuvos vyriausybės veiklos Klaipėdos krašte alfa ir omega.

Vis dėlto, reikia atkreipti dėmesį į tai, jog šis pirmas rimtesnis susirėmimas įvyko praėjus vos 2,5 mėnesio po Klaipėdos krašto prijungimo prie Lietuvos, tik prasidėjus deryboms dėl Klaipėdos Konvencijos ir Statuto pasirašymo Paryžiuje, t. y. tuo metu, kai Centro valdžia dar nebuvo spėjusi rimtai „nusikalsti" nei vietiniams vokiečiams, nei lietuviams. Susipažįstant su tų dienų kronika, norom nenorom susidaro įspūdis, kad, pasinaudojant Lietuvos vyriausybės atstovų krašte nepa-

---

22 1923. IV. 7 Vyriausiojo Mažosios Lietuvos Gelbėjimo Komiteto memorandumas ministrui pirmininkui/ /LVA. F. 923. Ap. 1. B. 347 (II). L. 288-288a.

23 1923. IV. 11 E. Galvanausko telegrama iš Paryžiaus susisiekimo ministrui/ /Ten pat. L. 194.

ten des Memelgebietes verabschieden sollte, ohne sich darüber mit „einheimischen Menschen" zu beraten. Sie baten nachdrücklich um einen Bevollmächtigten der litauischen Regierung mit den erforderlichen Qualifikationen und um die Ernennung eines Memelländers zu seinem Stellvertreter. Es scheint, daß dieses Schriftstück in Kaunas spürbaren Eindruck gemacht hat, weil auf ihm der Kanzleichef des Ministerkabinetts Vincas Mašalaitis am 9. April 1923 vermerkt hat: „Das Ministerkabinett, nachdem es die innere Lage des Memelgebietes verhandelt hat, beschließt: 1. Der Bevollmächtigte des litauischen Staates im Memelgebiet handelt erst, nachdem er das Rettungskomitee von Kleinlitauen angehört hat; 2. Das Innenministerium untersucht die Ereignisse in Memel."[22]

Die Situation in Memel beunruhigte auch den litauischen Ministerpräsidenten Ernestas Galvanauskas, der sich zu jener Zeit in Paris aufhielt. Als er dort von den April-Ereignissen Kenntnis erhielt, schickte er ein Telegramm nach Kaunas, in dem er unter Hinweis darauf, daß die Memelländer am meisten die Mißachtung ihrer Gewohnheiten empöre, kategorisch dazu aufforderte, sehr vorsichtig im Umgang mit memelländischen Behörden und insbesondere mit deren Beamten zu sein.[23] Der erste Punkt des Vermerks von Vincas Mašalaitis und die Mahnung von Ernestas Galvanauskas sind leider nicht zum A und O des Verhaltens der litauischen Regierung im Memelgebiet geworden.

Gewiß ist zu berücksichtigen, daß dieser erste Zusammenstoß kaum zweieinhalb Monate nach dem Anschluß des Memelgebietes an Litauen stattfand, als die Verhandlungen über ein internationales Memelabkommen gerade erst in Paris eingeleitet worden waren, mithin zu einem Zeitpunkt, als Kaunas an ein ernsthaftes Vorgehen gegen einheimische Deutsche oder Litauer im Memelgebiet noch gar nicht denken konnte. Bei näherer Beschäftigung mit der Chronik jener Tage gewinnt man den Eindruck, daß die Unerfahrenheit und ei-

---

22 Memorandum des Obersten Komitees für die Rettung Kleinlitauens an den Ministerpräsidenten vom 7. 4. 1923. LStA, F. 923, Ap. 1, B. 347 (II), L. 288-288a.

23 Telegramm von E. Galvanauskas aus Paris an den Verkehrsminister vom 11. 4. 1923. Ebenda, L. 194.

tyrimu, kai kuriomis akivaizdžiomis jų klaidomis bei objektyviais sunkumais, kuriuos tuo metu pergyveno krašto ekonomika (dėl kurių kaltinti Lietuvos vyriausybę būtų nelogiška), prie šių įvykių inspiravimo (gandų platinimas, kurstymas streikuoti, antilietuviškų nuotaikų skatinimas, etc.) prisidėjo ir išorinės jėgos. Šį spėjimą patvirtintų ir Lietuvos specialiųjų tarnybų daryti to laikotarpio Vokietijos radiofono laidų įrašai. Faktiškai šiuos liūdnus įvykius galima traktuoti ir kaip siekimą daryti spaudimą Ambasadorių Konferencijai bei Lietuvos vyriausybei, kaip tam tikrą revanšą už sausį.

1924-1925 m. gan aštrus susirėmimas vyko ir dėl bažnyčios, kurią Lietuvos vyriausybė norėjo padaryti nepriklausomą nuo Prūsijos Karaliaučiaus konsistorijos. Pats Kauno siekimas būtų buvęs visiškai suprantamas, jei jo realizavimui būtų pasirinktos lankstesnės priemonės. Tačiau, neatsižvelgus į krašto specifiką, ir šis ginčas, kurio atgarsiai išėjo toli už krašto ribų (pvz., rezonansas, kurį sukėlė peštynės prie Vyžių bažnyčios), baigėsi visišku, pirmiausia moraliniu, Centro vyriausybės pralaimėjimu. Šiuo atveju vietiniai gyventojai Kauno veiksmus traktavo kaip katalikybės ekspansiją.

Blogiausia pirmųjų konfliktų išdava buvo sustiprėjęs abipusis — Centro valdžios ir vietinių gyventojų — nepasitikėjimas. Be to, Lietuvos vyriausybė, nepatraukusi baudžiamojon atsakomybėn 1923 m. balandžio mėn. streiko organizatorių, kaltų dėl riaušių, padarė didelę klaidą, nes tokia laikysena buvo įvertinta kaip jos bejėgiškumas ir neryžtingumas. Visa tai negalėjo neturėti įtakos pirmųjų rinkimų į Seimelį rezultatams, kuriuose lietuvių sąrašai patyrė katastrofišką pralaimėjimą.

Kita vertus, šiuo laikotarpiu Centro valdžios politikai Klaipėdos krašte labai neigiamai atsiliepė nestabili vidaus padėtis Lietuvoje. Atsistatydinus Ernestui Galvanauskui (1924 m. rugpjūčio mėn.), Lietu-

nige offensichtliche Fehler der Vertreter der litauischen Regierung im Memelgebiet sowie damals dort objektiv gegebene wirtschaftliche Schwierigkeiten (die der litauischen Regierung anzulasten unlogisch wäre) sich auch auswärtige Kräfte zunutze machten und — durch Verbreiten von Gerüchten, Anstiften zum Streik, Schüren antilitauischer Einstellungen — die April-Ereignisse ebenfalls mit inspirierten. Eine solche Annahme bestätigen wohl auch die von litauischen Spezialdiensten abgehörten Rundfunksendungen jener Zeit. Im Grunde genommen sind diese traurigen Ereignisse auch als Versuch, Druck auf die alliierte Botschafterkonferenz und auf die litauische Regierung auszuüben, sowie als eine Revanche für den Januar 1923 anzusehen.

1924/25 fand ein weiterer recht heftiger Zusammenstoß wegen der evangelischen Kirche im Memelgebiet statt, die die litauische Regierung unabhängig von Preußen (vom Konsistorium in Königsberg) machen wollte. Ein gewiß durchaus verständliches Bestreben, sofern Kaunas für seine Verwirklichung einfühlsame Methoden ausgewählt hätte. Doch auch dieser Streit, der weit über die Grenzen des Gebietes starken Widerhall fand (man denke nur an die Resonanz der Schlägerei vor der Kirche von Wieszen), endete wegen Nichtbeachtung der Besonderheiten des Memelgebietes mit der völligen, in erster Linie moralischen Niederlage der Regierung in Kaunas. In diesem Fall sahen die einheimischen Memelländer in deren Handlung einen Expansionsversuch des Katholizismus.

Schlimmstes Ergebnis der ersten Konflikte war das stärker gewordene wechselseitige Mißtrauen im Verhältnis von Zentralgewalt und einheimischer Bevölkerung. Außerdem beging die litauische Regierung insofern einen großen Fehler, als sie die Organisatoren des Streiks vom April 1923, die den Aufruhr verschuldet hatten, nicht zur Verantwortung zog, wurde doch ein solches Verhalten als Zeichen der Machtlosigkeit und der Unentschlossenheit gewertet. Das alles fand in den ersten Wahlen zum Memelländischen Landtag seinen Niederschlag, bei denen die litauischen Listen eine katastrophale Niederlage erlitten.

Zugleich wurde die Memel-Politik der Zentralgewalt durch die instabile innere Situation in Litauen negativ beeinflußt. Nach dem Rücktritt von Ernestas Galvanauskas (im August 1924) ist die Aufmerksamkeit, welche die litauische Regierung dem Memelgebiet

vos vyriausybės krizės Lietuvoje blogai veikė Centro bei autonominės valdžios santykius.

Antrąjį etapą sąlyginai būtų galima pavadinti „Neginkluotos kovos" laikotarpiu. Tai buvo jėgų išbandymo ir lemiamo susidūrimo, nuo kurio baigties priklausė krašto likimas, metas. Centro valdžios ir jai oponuojančių veiksnių konfrontacija šiuo laikotarpiu pasiekė kulminaciją. Jo metu išryškėjo abiejų pusių kovos metodai bei taktika. Mūsų nuomone, šiame etape išsiskiria keturi periodai: 1) „Pirmasis" Merkio; 2) „Antrasis" Merkio; 3) Vytauto Gylio ir 4) Jono Navako. „Pirmasis" Merkio periodas (1927 m. ruduo — maždaug 1930 m. vidurys) — tai ypatingų ir gana pozityvių Lietuvos vyriausybės pastangų Klaipėdos krašte periodas. Pažymėtinas 1928 m. spalio mėnesį įvykęs Lietuvos ministro pirmininko ir užsienio reikalų ministro Augustino Voldemaro, lydimo URM generalinio sekretoriaus Dovo Zauniaus ir pasiuntinio Vokietijoje Vaclovo Sidzikausko vizitas į Klaipėdą derybų dėl prekybinės sutarties sudarymo su Vokietija išvakarėse. Jo metu svečiai iš Kauno susitiko su Klaipėdos krašto pramonininkais bei pirkliais, atstovaujančiais ir vokiečiams, ir lietuviams. Jie išklausė klaipėdiečių pageidavimus ir pažadėjo atsižvelgti į juos derybų metu. Tai rodė vyriausybės dėmesį Klaipėdos krašto problemoms ir, Kauno manymu, turėjo būti palankiai sutikta jo gyventojų.

Deja, viena ranka statydami tarpusavio susipratimo su klaipėdiečiais rūmą, kauniečiai kita ranka jį griovė. Susitikimo su vietiniais lietuviais metu Centro valdžios atstovams teko išgirsti nemažai priekaištų ir nusiskundimų. Atsakydamas į juos, Augustinas Voldemaras pareiškė, jog „mes neleisim nuskriausti lietuvybę Klaipėdos krašte". Jis pažymėjo, kad ir pats jų atvykimas rodo vyriausybės intencijas bei pa-

schenkte, geringer geworden. Die häufigen Regierungskrisen in Kaunas wirkten sich nachhaltig auf die Beziehungen zwischen den zentralen und den autonomen Machtträgern aus.

Die nun beginnende zweite Etappe im beiderseitigen Verhältnis kann als Zeitabschnitt des „unbewaffneten Kampfes" bezeichnet werden, gewissermaßen als Erprobungsphase des entscheidenden Zusammenstoßes, von dessen Ausgang das Schicksal des Memelgebietes abhing. Die Konfrontation zwischen der Zentralgewalt und der gegen sie opponierenden Kräfte erreichte ihren ersten Höhepunkt. Dabei entwickelten beide Seiten ihre Kampfmethoden und -taktiken. U. E. sind, erneut in Entsprechung zur Amtsdauer der Gouverneure, in dieser Etappe vier Perioden zu unterscheiden: die erste und zweite unter Antanas Merkys, die dritte unter Vytautas Gylys und die vierte unter Jonas Navakas.

Die erste Amtsperiode von Merkys (Herbst 1927 bis Mitte 1930) war geprägt durch besonders intensive und auch recht positive Bemühungen der litauischen Regierung um das Memelgebiet. Bemerkenswert ist der Memel-Besuch des litauischen Ministerpräsidenten und Außenministers Augustinas Voldemaras in Begleitung des Generalsekretärs des Außenministeriums Dovas Zaunius und des Gesandten in Deutschland Vaclovas Sidzikauskas am Vorabend von Verhandlungen über einen Handelsvertrag mit Deutschland. Während des Besuchs, der im Oktober 1928 stattfand, trafen die Gäste aus Kaunas mit Industriellen und Geschäftsleuten des Memelgebietes zusammen, die sowohl die Deutschen als auch die Litauer vertraten. Die Regierungsmitglieder hörten die Forderungen der Memelländer an und versprachen, sie während der Verhandlungen zu berücksichtigen. Diese Aufgeschlossenheit der Regierung gegenüber den Problemen des Memelgebietes mußte, ihrer Meinung nach, von allen Einwohnern begrüßt werden.

Doch während eben diese Regierung mit einer Hand das Gebäude der Verständigung errichtete, zerstörte sie es mit der anderen. Während des Zusammentreffens mit den einheimischen Litauern mußten sich die Vertreter der zentralen Staatsmacht viele Vorwürfe und Beschwerden anhören. In seiner Antwort erklärte Augustinas Voldemaras: „Wir werden eine Benachteiligung des Litauertums im Memelgebiet nicht dulden." Selbst der jetzige Regierungsbesuch diene diesem Zweck und habe (wie er versprach) zum Ziel, daß „das ganze Litauen

žadėjo, kad „visos Lietuvos susirūpinimas lietuvybės praplėtimu eis sparčiau". „Oficialiai apie tai negalime pranešti, bet taip padarysime" — užbaigė savo pasisakymą Lietuvos ministras pirmininkas.[24] Žinoma, ne visiems tokie pažadai Klaipėdos krašte buvo prie širdies. Juo labiau, jog jie jau buvo pradėti realizuoti — 1928 m. pasižymėjo ypač gausia atvykėlių iš Didžiosios Lietuvos banga.

Vis dėlto tai buvo bene vienintelis ilgesnis „nestabilaus stabilumo" periodas, kurio metu tarp gubernatoriaus ir direktorijos karo kirvis kuriam laikui buvo užkastas į žemę. Šiai trapiai būsenai susidaryti padėjo ir Gustavo Stresemanno Vokietijos užsienio politika bei laikinas jos neutralitetas Klaipėdos klausimu, kurį liudijo 1928 m. sausio 28 d. sutarties tarp abiejų valstybių pasirašymas (šia sutartimi Berlynas Klaipėdos kraštą pripažino Lietuvai).

Ši „tyla prieš audrą" tęsėsi iki tol, kol Vokietija nepasuko atviros Versalio sutarties revizijos keliu. Nuo 1930 m. Vokietijos spaudimas Lietuvai ir jos kišimasis į Klaipėdos reikalus nepaprastai išaugo. Antiversalinės ir revanšistinės nuotaikos Vokietijoje pradėjo augti ne dienom, bet valandom. Net Vokietijos socialdemokratai pasidavė šioms nuotaikoms. Pvz., kai Lietuvos socialdemokratai kreipėsi į savo kolegas Vokietijoje, prašydami, jog pastarieji paveiktų savo vyriausybę, kad Berlynas nustotų kiršinti žmones Klaipėdos krašte, buvo atsakyta, kad jie esą socialdemokratai iki Eitkūnų, o nuo Eitkūnų jie esą tik vokiečiai.[25]

Posūkis Vokietijos užsienio politikoje turėjo didelę įtaką padėčiai Klaipėdos krašte. Antivalstybinės jėgos, pajutusios permainą Berlyno požiūryje į teritorines problemas bei eventualius jų sprendimo būdus,

---

24 Pro memoria „Pasitarimas su lietuvių organizacijų atstovais Klaipėdos krašte"/ / LVA. F. 383. Ap. 7. B. 1224. L. 38.

25 Ūdra. Kaip vokiečiai germanizavo Mažosios Lietuvos jaunimą/ /Laisvoji Lietuva. 1957. I. 24.

schneller für die Verbreitung des Litauertums sorgen wird". „Offiziell können wir das nicht erklären, aber wir werden es so machen", beendete der litauische Ministerpräsident seine Aussage.[24] Derartige Versprechungen gefielen allerdings im Memelgebiet nicht allen, und das umso weniger, als Kaunas sofort begonnen hat, sie zu verwirklichen: Das Jahr 1928 war durch eine besonders große Welle zugewanderter Großlitauer gekennzeichnet.

Desungeachtet handelte es sich wohl um die einzige längere Periode „unstabiler Stabilität", während der das Kriegsbeil zwischen dem litauischen Gouverneur und dem memelländischen Direktorium für einige Zeit beiseite gelegt wurde. Zu solch einem Zustand, wie brüchig er sein mochte, trugen auch die deutsche Außenpolitk von Gustav Stresemann und die zeitweilige Neutralität Deutschlands in der Memelfrage bei. Davon zeugte die Unterzeichnung des deutsch-litauischen Vertrags vom 28. Januar 1928, mit dem Berlin Litauens Souveränität über das Memelland offiziell anerkannte.

Die Ruhe vor dem Sturm dauerte an, bis Deutschland offen den Weg der Revision des Versailler Vertrags einschlug. Berlins Druck auf Litauen und seine Einmischung in die Angelegenheiten des Memelgebietes nahmen seit 1930 von Tag zu Tag zu. Sogar die deutschen Sozialdemokraten konnten entsprechenden Verhaltensweisen nicht widerstehen. Als sich etwa die litauischen Sozialdemokraten an ihre Kollegen in Deutschland mit der Bitte um Einwirkung auf ihre Regierung wandten, die antilitauische Aufhetzung von Menschen im Memelgebiet einzustellen, wurde ihnen geantwortet, daß sie Sozialdemokraten nur bis Eydtkuhnen seien; ab Eydtkuhnen seien sie allein Deutsche.[25]

Die Wende in der Außenpolitik Deutschlands wirkte nachhaltig auf die Lage im Memelgebiet zurück. Die dortigen antistaatlichen Kräfte verstärkten ihre Aktivitäten, als sie die Veränderung im Verhalten Berlins gegenüber den territorialen Problemen und eventuel-

---

24 Pro Memoria „Gespräch mit den Vertretern litauischer Organisationen im Memelgebiet". LStA, F. 383, Ap. 7, B. 1224, L. 38.

25 Üdra, Wie haben die Deutschen die Jugend Kleinlitauens germanisiert?, in: Laisvoji Lietuva vom 24. 1. 1957.

suaktyvino savo veiklą. Atsakomojo Kauno žingsnio ilgai laukti nete-
ko — susidūrusi su atviru jos interesų ignoravimu ir grėsme Lietuvos
suverenitetui Klaipėdoje, vyriausybė, įtakojama gubernatoriaus bei
augančio antivalstybinių jėgų pasipriešinimo, nusprendė sugriežtinti
kursą Klaipėdoje.

Prasidėjo „antrasis" Merkio (1930 m. vidurys — 1932 m. gegužės
19 d.) periodas. Vienu ryškiausių šio periodo epizodų tapo „Biott-
cher'io precedentas", turėjęs atsakyti į klausimą — turi ar neturi Lie-
tuvos vyriausybė galią atstatyti direktoriją ir jos pirmininką? Faktiškai
tai buvo bandymas, išnaudojant formalius direktorijos pirmininko
nusižengimus Statutui, stipriai apriboti Klaipėdos krašto Seimelio ga-
lią. „Biottcher'io byla" papuolė į Tarptautinį Hagos Teismą, kurio
1932 m. rugpjūčio 11 d. sprendimas tapo didžiausia staigmena abiem
konfliktuojančioms pusėms. Plačiau nekomentuojant šio sprendimo,
galima konstatuoti, jog Kaunas jį suprato kaip galimybę ateityje ginti
savo interesus Klaipėdoje kur kas efektingesnėmis priemonėmis. Tuo
tarpu Seimelio daugumai šis sprendimas tapo „šaltu dušu", reiškusiu,
jog jos „globėjas" anapus Nemuno dar nebuvo galingas tiek, kiek to
pageidavo „autonomistai".

Juridine prasme Lietuvos vyriausybė galėjo būti patenkinta bylos
baigtimi. Juo labiau, jog nuo tol visi iš Vokietijos gaunami kontingen-
tai eksportui buvo tvarkomi išimtinai Centro vyriausybės. O kaip į
„biottcheriadą" žiūrėjo vietiniai Klaipėdos krašto gyventojai? Žemės
ūkio produktų eksporto atžvilgiu Otto Biottcher'io kelionė į Vokieti-
ją, siekiant išgauti papildomų kontingentų šio krašto ūkininkams, bu-
vo labai naudinga bei reikalinga. Tuo tarpu griežta Antano Merkio
laikysena bei juridiniai Centro valdžios atstovų išvedžiojimai apie
kompetencijos tarp Centro ir autonominių įstaigų pasiskyrstimą,
jiems buvo sunkiai suprantami. Iš visos šios istorijos krašto ūkinin-
kams buvo aišku tik tiek, jog jie patirs ekonominius nuostolius. Taigi
tai, kas Kaune buvo vertinama kaip pergalė, Klaipėdos krašte galėjo

len Mitteln ihrer Lösung wahrnahmen. Der Gegenzug aus Kaunas ließ nicht lange auf sich warten. Konfrontiert mit der offenen Mißachtung ihrer Interessen und mit Gefahren für die Souveränität Litauens im Memelgebiet, beschloß die litauische Regierung, unter dem Einfluß des Gouverneurs und angesichts des Widerstands der antistaatlichen Kräfte, einen härteren Kurs im Memelgebiet einzuschlagen.

Damit begann die „zweite" Periode von Merkys (Mitte 1930 bis Mai 1932). Zu deren Vorkommnissen gehörte der „Präzedenzfall Böttcher", der die Frage beantworten sollte, ob die litauische Regierung imstande sei oder nicht, das Direktorium und seinen Präsidenten abzusetzen. (Böttcher hatte ohne vorherige Unterrichtung, geschweige denn Ermächtigung der litauischen Regierung bzw. des Gouverneurs, in Berlin offizielle Wirtschaftsverhandlungen für das Memelgebiet geführt.) Es war eigentlich ein Versuch, die formellen Verstöße des Präsidenten des Direktoriums gegen das Statut auszunutzen, um die Macht des Memelländischen Landtags einzuschränken. Die Angelegenheit Böttcher kam vor den Haager Gerichtshof, dessen Urteil vom 11. August 1932 beide streitenden Seiten sehr überraschte. Ohne dieses Urteil (das Böttchers Vorgehen in Berlin als Verstoß gegen das Memelstatut wertete) ausführlicher zu kommentieren, sei festgehalten, daß Kaunas eine Möglichkeit sah, seine Interessen in Memel künftig mit effektiveren Mitteln zu verteidigen. Hingegen wirkte der Urteilsspruch auf die Mehrheit im Landtag wie „eine kalte Dusche", bedeutete er doch, daß ihr „Betreuer" von jenseits der Memel noch nicht so mächtig war, wie es die „Autonomisten" wünschten.

Vom rechtlichen Standpunkt aus konnte die litauische Regierung mit dem Ausgang der Angelegenheit zufrieden sein; und das umso mehr, als fortan alle von Deutschland gewährten Kontingente für die Ausfuhr ausnahmslos über die Regierung in Kaunas abgewickelt wurden. Wie aber schätzten die Memelländer die „Böttcheriade" ein? Was die Ausfuhr der landwirtschaftlichen Erzeugnisse anbelangt, erschien die Reise Otto Böttchers nach Deutschland mit dem Ziel, dort eine Erhöhung der Absatzkontingente zu erreichen, sehr nützlich, ja erforderlich für die memelländischen Bauern, während diesen die streng abwartende Haltung von Antanas Merkys und die juristischen Erwägungen der Vertreter der Zentralgewalt über die Kompetenzverteilung zwischen dem Zentrum und den autonomen Behörden

56

būti traktuojama kaip pralaimėjimas. Ši situacija savo išraišką gavo rinkimuose į Seimelį: rinkimuose į III Seimelį 1930 m. už vokiškus sąrašus buvo paduota apie 40000 balsų, rinkimuose į IV Seimelį 1932 m. vasarą už juos balsavo jau beveik 54000 rinkėjų.[26] Toks staigus balsavusiųjų už vokiškus sąrašus skaičiaus padidėjimas buvo tiesioginis „biottcheriados", sukėlusios didelį Klaipėdos vokiečių nepasitenkinimą ir patraukusios į jų pusę nemažai vietinių lietuvių, rezultatas.

Tik paaiškėjus Otto Biottcher'io kelionės į Berlyną „detalėms", Antanas Merkys, ėmęsis santykių su direktorijos pirmininku išsiaiškinimo, lygiagrečiai nusprendė suduoti smūgį ir pačiam opozicinės Lietuvai veiklos organizavimo krašte centrui. Šį kartą taikiniu pasirinktas Vokietijos generalinis konsulatas Klaipėdoje. Planuojamos akcijos tikslas buvo apriboti konsulato įtaką krašte, suvaržyti jo galimybes veikti gyventojų nuotaikas, kurstyti juos prieš Lietuvą. Ką reiškė Vokietijos generalinis konsulatas Klaipėdos krašte, galima spręsti vien iš to, jog tuo metu jis turėjo apie 50 bendradarbių! Ne ką didesnis buvo visas diplomatinis korpusas Kaune ... Juo labiau, kad generalinis konsulas buvo faktiškai nepriklausomas nuo pasiuntinybės ir dažnai varė politiką visiškai priešingą nei Vokietijos pasiuntinys Kaune: pastarasis, stengdamasis palaikyti gerus santykius tarp Kauno ir Berlyno, bandė švelninti „autonomistų" kategoriškus reikalavimus, o generalinis konsulas — priešingai, juos skatino.

Taigi 1932 m. sausio 15 d. Lietuvos pasiuntinys Berlyne informavo Vokietijos vyriausybę, jog Kaune prieita nuomonės, kad tolimesnis dr. Otto Toepkės generalinio konsulo pareigų vykdymas yra nesuderinamas su gerais abiejų valstybių santykiais.[27] Sausio 20 d. atsakomo-

---

26 Valsonokas R. Klaipėdos problema. Klaipėda, 1932. P. 357, 368.

27 1932. I. 15 Lietuvos vyriausybės nota Vokietijos vyriausybei/ /LVA. F. 383. Ap. 7. B. 1243. L. 9.

schwer begreiflich zu machen waren. Dieser Sachverhalt kam auch politisch zum Ausdruck: Bei den Wahlen zum dritten Landtag von 1930 erhielten die deutschen Listen ungefähr 40 000 Stimmen, bei den Wahlen zum vierten Landtag im Sommer 1932 nahezu 54 000.[26] Eine derart plötzliche Steigerung der Zahl der für die deutschen Listen optierenden Wähler war eine unmittelbare Folge der „Böttcheriade", die bei den deutschen Memelländern größte Unzufriedenheit verursacht und auch nicht wenige einheimische Litauer auf deren Seite gebracht hatte.

Erst als die „Details" der Reise von Otto Böttcher nach Berlin bekannt geworden waren, begann Antanas Merkys das Verhältnis zum Präsidenten des Direktoriums wegen dessen Überschreitung seiner Vollmachten zu durchdenken; zugleich beschloß er, dem Organisationszentrum der gegen Litauen gerichteten Tätigkeiten im Memelland einen Schlag zu versetzen. Getroffen werden sollte das deutsche Generalkonsulat in Memel. Die geplante Aktion zielte darauf ab, den Einfluß des Konsulats im Memelgebiet einzuschränken, seine Möglichkeiten zur antilitauischen Stimmungsmache unter den Einwohnern zu begrenzen. Was das deutsche Konsulat im Memelgebiet bedeutete, ist schon daraus zu ersehen, daß es zu jener Zeit über etwa 50 Mitarbeiter verfügte. Das gesamte diplomatische Korps in Kaunas war nicht viel größer. Hinzu kam, daß der Generalkonsul faktisch unabhängig von der deutschen Gesandtschaft in Kaunas war und oft eine Politik betrieb, die der des Gesandten total widersprach: der letztere bemühte sich, gute Beziehungen zwischen Kaunas und Berlin zu unterhalten und kategorische Ansprüche der memelländischen „Autonomisten" zu mildern; der Generalkonsul hingegen förderte sie.

Deshalb unterrichtete am 15. Januar 1932 der litauische Gesandte in Berlin die deutsche Regierung offiziell dahingehend, daß die weitere Dienstausübung von Dr. Otto Toepke als Generalkonsul in Memel mit den guten Beziehungen zwischen den beiden Staaten unvereinbar sei.[27] Am 20. Januar erklärte die deutsche Regierung in ihrer

---

26 R. Valsonokas, Klaipėdos problema (Das Memelproblem). Klaipėda 1932, S. 357, 368.

27 Note der litauischen Regierung an die deutsche Regierung vom 15. 1. 1932. LStA, F. 383, Ap. 7, B. 1243, L. 9.

joje notoje Vokietijos vyriausybė „gerų santykių tarp abiejų šalių palaikymo vardan" atsisakė patenkinti Lietuvos vyriausybės pageidavimą![28] Prasidėjo „karas su konsulais". Nors buvo perspėta, jog Vokietijos pusei nesiimant priemonių, Kaunas kupinas ryžto griebtis pačių radikaliausių veiksmų (jiems jau buvo gautas prezidento sutikimas), iškraustyti Vokietijos generalinio konsulo iš Klaipėdos nesisekė. Tačiau imtis drąstiškų priemonių Lietuvos vyriausybė dėl suprantamų priežasčių nesiryžo. Susidarė patinė padėtis. Diplomatinėje praktikoje nedaug tokių pavyzdžių, kai vieno ar kito diplomato (ypač tokio rango kaip generalinis konsulas) klausimu taip atvirai būtų nesiskaitoma su vyriausybės, su kuria palaikomi diplomatiniai santykiai, nuomone. Galiausiai dr. Otto Toepkė buvo atšauktas į Berlyną (1932 m. rudenį jis išvyko atostogų į Vokietiją ir daugiau nebegrįžo), bet gubernatoriaus posto Antanas Merkys neteko dar anksčiau — 1932 m. gegužės 19 d. Taigi partija „Merkys-Toepkė" iš esmės baigėsi lygiomis, tačiau ji parodė, kokia silpna ir nestabili buvo Centro valdžios padėtis Klaipėdos krašte.

„Biottcherio bylai" patekus į Tautų Sąjungą ir vėliau atsidūrus Tarptautiniame Hagos Teisme, dėl „karo su konsulais" susikomplikavus santykiams su Vokietija, Kaune, atrodo, buvo nuspręsta, jog konfrontacijos keliu nueita pernelyg toli. Laukiant Hagos sprendimo ir iš anksto abejojant jo palankumu Lietuvai, vyriausybė buvo linkusi sušvelninti politiką Klaipėdoje. Kariškio pagal profesiją ir į gubernatorystės pabaigą labai radikaliai nusiteikusio Antano Merkio atšaukimas ir profesionalaus diplomato Vytauto Gylio paskyrimas liudijo apie naujo periodo Lietuvos politikoje Klaipėdoje pradžią. Prieš Vytautui Gyliui persikeliant į Klaipėdą, ministras pirmininkas Juozas Tūbelis kaip svarbiausią veiklos tikslą nurodė jam santykių su vietiniais gyventojais, pirmiausia vokiečiais, normalizavimą. Naujam gu-

---

28 Ten pat. L. 10-11.

Antwortnote, daß sie, „um gute Beziehungen zwischen den beiden Ländern zu unterhalten", auf den Wunsch der litauischen Regierung nicht eingehen werde![28] Es begann „der Krieg um den Konsul". Trotz aller Warnungen, daß, sofern die deutsche Seite nichts unternehmen sollte, Kaunas zu höchst radikalen Schritten bereit sei (wozu der Ministerpräsident seine Einwilligung vorweg erteilt hatte), ist es nicht gelungen, den deutschen Generalkonsul aus dem Memelgebiet zu weisen. Zu durchgreifenden Maßnahmen konnte sich die litauische Regierung dann doch nicht entscheiden. Es entstand eine Patt-Situation. In der diplomatischen Praxis gibt es nicht viele Beispiele dafür, daß der Wunsch einer Regierung nach Ablösung eines bei ihr akkreditierten Diplomaten (noch dazu im Rang eines Generalkonsuls) von der ihn entsendenden Regierung so offen mißachtet worden ist. Schließlich wurde Dr. Otto Toepke doch nach Berlin abberufen (genauer gesagt: er ging im Herbst 1932 in Urlaub nach Deutschland und kehrte nicht mehr zurück), doch Antanas Merkys verließ das Amt des Gouverneurs noch früher: am 9. Mai 1932. So endete die Partie „Merkys-Toepke" im Grunde unentschieden. Sie zeigte aber, wie schwach und instabil die Position der zentralen Staatsmacht im Memelgebiet war.

Als die Böttcher-Angelegenheit in den Völkerbund geraten und später vor den internationalen Haager Gerichtshof gekommen sowie wegen des Konsul-Krieges das Verhältnis mit Deutschland noch schwieriger geworden war, gelangte Kaunas, wie es scheint, zu der Auffassung, auf dem Konfrontationsweg wohl zu weit gegangen zu sein. Während des Wartens auf das Haager Urteil und angesichts erheblicher Zweifel, daß es für Litauen günstig ausfallen werde, glaubte die litauische Regierung, ihre Memel-Politik mildern zu sollen. Die Abberufung des Berufsoffiziers Antanas Merkys, der am Ende seiner Amtszeit als Gouverneur sehr hart aufgetreten war, und die Ernennung des Berufsdiplomaten Vytautas Gylys zu seinem Nachfolger signalisierten einen solchen Wandel und den Anfang einer neuen Periode im litauischen Verhältnis zum Memelgebiet. Der damalige Ministerpräsident Juozas Tūbelis wies Gylys vor Aufnahme seiner Dienstgeschäfte als wichtigstes Ziel seiner Tätigkeit die Aufgabe zu,

---

28 Ebenda, L. 10-11.

60

bernatoriui buvo pavesta atstatyti normalius santykius ir su Vokietijos generaliniu konsulu dr. Otto Toepke … Prieš naujam gubernatoriui išvykstant į Klaipėdą, Dovas Zaunius pusiau rimtai, pusiau juokais pastebėjo, jog įvykdžius pastarąjį pavedimą, Lietuvoje jam dar gyvam esant bus pastatytas paminklas.[29]

Vytautas Gylys nuosekliai vykdė gautas instrukcijas. Jo gubernatorystės laikotarpiu ankstesnė priešprieša atslūgo, padėtis krašte pamažu normalizavosi. Jam pavyko įvykdyti ministro pirmininko pavedimą ir net kuriam laikui atstatyti santykius su Vokietijos generaliniu konsulu. Deja, šis periodas tęsėsi neilgai — paskelbus Tarptautinio Hagos Teismo sprendimą, Kaune buvo nuspręsta, jog nuosaikusis Vytautas Gylys yra ne visai tas žmogus, kuris reikalingas Lietuvos vyriausybei Klaipėdoje. Hagos sprendimas leido naujai pažvelgti į „Antrojo" Merkio periodo rezultatus. Matyt, kaip tik šio sprendimo įtakoje buvo prieita nuomonės, jog nors metodai „a la Merkys" gali sukelti daug komplikacijų viduje ir išorėje, jie, tam tikromis sąlygomis, gali būti ir pakankamai efektyvūs. Deja, šį kartą buvo pervertintas eventualus signatarų palankumas bei 1932 m. rugpjūčio 11 d. Tarptautinio Hagos Teismo sprendimo reikšmingumas Lietuvai ir neįvertintas Vokietijos faktoriaus poveikis tiek padėčiai Klaipėdos krašte, tiek ir bendrai Lietuvos tarptautinei būklei.

Tačiau tuo metu, 1933 m. lapkričio mėn., Jono Navako, ryžtingo ir energingo, taip pat ir labai savimi pasitikinčio politiko paskyrimas Klaipėdos krašto gubernatoriumi liudijo, jog grįžtama prie kietesnio kurso Klaipėdoje. Kaip tik su šiuo politiku Kaunas siejo savo viltis ateičiai. Kartu su jo paskyrimu imtasi ir kitų priemonių Centro pozicijoms krašte sustiprinti: papildyti kariuomenės daliniai, sustiprinta pa-

---

29 Anysas J. M. Kova dėl Klaipėdos. Atsiminimai. Čikaga, 1978. P. 78.

die Beziehungen mit der einheimischen Bevölkerung, darunter in erster Linie mit den Deutschen, zu normalisieren. Auch um die Wiederaufnahme allgemein üblicher Kontakte mit dem deutschen Generalkonsul Dr. Toepke sollte er sich bemühen. Zum zuletzt genannten Auftrag merkte Dovas Zaunius halb ernst-, halb scherzhaft an, daß nach dessen Erfüllung dem neuen Gouverneur noch zu Lebzeiten ein Denkmal errichtet werden würde.[29]

Vytautas Gylys folgte konsequent den erhaltenen Anweisungen. Während seiner Amtszeit erfolgte eine Abschwächung bzw. eine Milderung der Konflikte, und die Lage im Memelgebiet beruhigte sich allmählich. Es ist ihm gelungen, den Auftrag des Ministerpräsidenten auszuführen und für einige Zeit sogar die Beziehungen zum deutschen Generalkonsul wiederaufzunehmen. Leider dauerte diese Periode nicht lange. Nach Bekanntwerden des Urteils des internationalen Haager Gerichtshof setzte sich in Kaunas die Auffassung durch, daß Vytautas Gylys doch nicht ganz der Mann sei, den die litauische Regierung im Memelgebiet brauchte. Das Haager Urteil regte dazu an, die Ergebnisse der zweiten Periode von Merkys erneut zu überdenken. Anscheinend gewann gerade unter dem Eindruck dieses Urteils die Meinung in Kaunas die Oberhand, daß, obwohl die Methoden à la Merkys sowohl innen- als auch außenpolitisch viele Komplikationen verursacht hatten, sie unter bestimmten Umständen auch effektiv sein könnten. Jetzt wurden leider in Kaunas die eventuelle Abneigung der Signatarmächte gegenüber der Memelkonvention und die Bedeutung des Urteils des Haager Gerichtshofs vom 11. August 1932 für Litauen überschätzt, hingegen der Einfluß des deutschen Faktors sowohl auf die Situation im Memelgebiet als auch auf die allgemeine internationale Lage Litauens nicht genügend berücksichtigt.

In jedem Fall kündigte die Ernennung von Jonas Navakas, einem entschlossenen und selbstsicheren Politiker, zum Gouverneur des Memelgebietes im November 1933 die Rückkehr zu einem härteren Regierungskurs im Memelgebiet an. Gerade auf diesen Politiker setzte man in Kaunas für die Zukunft große Hoffnungen. Im übrigen traf man außer der Ernennung von Navakas noch weitere Maßnahmen,

---

29 J. M. Anysas, Kova dėl Klaipėdos. Atsiminimai (Kampf um Memel. Erinnerungen). Chicago 1978, S. 78.

sienio ir saugumo policija, imta riboti turizmą iš Vokietijos (beje, šie „turistai", neretai uniformuoti, nuo 1933 m. dažnai marširuodavo kolonom krašto keliais, dainuodami žygio dainas, stebindami naivius kaimiečius savo drausme ir kariška laikysena ...), uždrausta įvežti nacistinę spaudą, etc.

Jono Navako gubernatorystės laikais suintensyvėjo ir nekilnojamojo turto krašte pirkimas (šis procesas vyko ir vėliau, dažniausiai superkant nekilnojamąjį turtą iš žydų tautybės asmenų, kurie išgąsdinti įvykių Vokietijoje ėmė keltis į saugesnes vietas). Tai liudijo apie tam tikras Centro valdžios intencijas, kurioms idėją, matyt, pasiūlė Lietuvos konsulas Kėnigsberge, kuris, susipažinęs su Rytprūsių kolonizacijos ir industrializacijos planu, rekomendavo panašų planą parengti ir realizuoti Klaipėdos krašte. Jis siūlė supirkti krašte kuo daugiau nekilnojamo turto, apgyvendinti ten lietuvius, siųsti į kraštą kuo daugiau patriotinės inteligentijos, kurti įvairias palankias Lietuvai draugijas, perkelti ten visas kokias tik galima valdžios ir mokslo įstaigas, etc.[30] Būta ir daugiau gražių projektų, deja, ekonominės krizės metais jiems realizuoti neturėta nei pinigų, nei kitų praktinių galimybių. Be to, dėl voliuntaristinių tendencijų krašto valdyme Martyno Reizgio direktorijos metu krašto finansinė padėtis labai pablogėjo, ypač sunkioje padėtyje atsidūrė kaimo gyventojai. Tuo tarpu Centrinės valdžios interesams atstovavusio „Žemės Banko" veikla (aukšti paskolų procentai, praktikuojama pabaudų sistema, etc.) vietinių gyventojų buvo vertinama ne kaip parama sunkioje padėtyje atsidūrusiems ūkininkams, o kaip dirvos būsimai krašto kolonizacijai iš Lietuvos rengimas.

---

30 1934. I. 27 Lietuvos generalinio konsulo Karaliaučiuje J. Budrio pranešimas URM/ /LVA. F. 383. Ap. 7. B. 1355. L. 4.

um die Position der Zentralgewalt im Memelgebiet zu sichern. Militärabteilungen wurden aufgefüllt, Grenz- und Sicherheitspolizei verstärkt, die Einfuhr der NS-Presse verboten und der Tourismus aus Deutschland eingeschränkt. Nicht selten uniformiert, marschierten nämlich „Touristen" seit 1933 oft in Kolonnen durch das Memelgebiet, sangen dabei Marschlieder und versetzten durch ihre Disziplin und ihre militärische Haltung naive Dorfbewohner in Erstaunen.

Unter dem Gouverneur Jonas Navakas ist auch der Ankauf von Haus- und Grundbesitz im Memelgebiet intensiviert worden (Dieser Prozeß hielt auch später an, als man Immobilien von Personen jüdischer Nationalität erwarb, die, erschrocken über die Vorgänge in Deutschland, in sicherere Gebiete umzuziehen begannen). Dahinter standen bestimmte Intentionen der zentralen Staatsmacht, deren Urheber wahrscheinlich der litauische Konsul in Königsberg war. Er hatte dort anscheinend den Kolonisierungs- und Industrialisierungsplan Ostpreußens studiert und schlug nun, davon ausgehend, die Erarbeitung und Durchführung eines ähnlichen Plans für das Memelgebiet vor. Nach seinen Empfehlungen sollten hier möglichst viele Immobilien, insbesondere Grund und Boden gekauft, darauf Litauer angesiedelt, möglichst viele patriotisch gesinnte Intellektuelle ins Land geholt, politische Vereinigungen gegründet sowie möglichst viele Behörden und wissenschaftliche Institutionen dorthin verpflanzt werden etc.[30] Es gab auch noch mehr schöne Projekte, für deren Verwirklichung man während der Wirtschaftskrise jedoch weder Geld noch andere praktische Möglichkeiten hatte, zumal sich wegen der voluntaristischen Verwaltungstendenzen unter dem Direktorium von Martynas Reizgys die finanzielle Lage des Gebietes erheblich verschlechterte. In eine besonders schwierige Lage gerieten die Landbewohner. Sie sahen in der Tätigkeit der Bank „Žemės Bankas", die (mit einer hochverzinslichen Anleihe, aber auch Anwendung eines Strafensystems) die Interessen der Zentralgewalt vertrat, keine ihnen zugute kommende Hilfe, sondern vorbereitende Maßnahmen für eine künftige großlitauische Kolonisierung des Memelgebietes.

---

30 Bericht des litauischen Generalkonsuls J. Budrys in Königsberg an das Außenministerium vom 27. 1. 1934. LStA, F. 383, Ap. 7, B. 1355, L. 4.

Daug dėmesio naujasis gubernatorius skyrė kovai su antivalstybinėmis jėgomis bei nacistinių organizacijų ardomąja veikla krašte. 1934 m. vasario 8 d., jam aktyviai dalyvaujant, buvo priimtas Tautai ir valstybei saugoti įstatymas, turėjęs sutramdyti antivalstybinius gaivalus Klaipėdos krašte. Šio įstatymo priėmimas reiškė, jog prasidėjo lemiamas Centro valdžios ir jai oponuojančių jėgų susidūrimas. Kovos mastą liudija Klaipėdos krašto karinio komendanto duomenys apie nubaustų asmenų skaičių: 1932 m. krašte už įvairius prasižengimus karo komendanto buvo nubausti 27 asmenys, 1933 m. — jau 216 asmenų (dauguma jų nubausti metų pabaigoje), 1934 m. — 247, 1935 m. — 86. Iš viso 1932-1935 m. Klaipėdos krašte nubausti 576 asmenys. Iš šio skaičiaus už Lietuvos valstybės, valdžios, kariuomenės niekinimą bei įžeidinėjimą buvo nubausti 67 asmenys, už kurstymą ir kiršinimą vienų gyventojų prieš kitus — 149, nelegalų ginklo laikymą — 75, už uždraustos uniformos arba jos dalių dėvėjimą — 57 asmenys, už policijos neklausymą arba pasipriešinimą jai — 30, susirinkimų organizavimą be leidimų — 19, už svetimos valstybės uniformų ir ženklų įvežimą bei pardavinėjimą — 6, pramanytų žinių platinimą — 13.[31] Apie 160 asmenų duomenų neturime.

Rimtus Lietuvos vyriausybės ketinimus susidoroti su antivalstybinėmis jėgomis krašte rodė kruopštus pasirengimas Kauno procesui. Šis procesas buvo unikalus reiškinys, deja, dėl įvairių priežasčių pilnai neįvertintas nei tada, nei vėliau. Tai buvo tuo metu neturėjęs sau analogų procesas, kuriame teisiamųjų suole atsidūrė daugiausia nacistinių organizacijų nariai. Ir nors šį procesą vadinti antinaciniu ar mažuoju Niurnbergu būtų pernelyg drąsu (dauguma teisiamųjų buvo kaltinami pirmiausia ne nacistinės ideologijos skleidimu, o konkrečia

---

31 Klaipėdos krašto komendanto nutarimais nubaustų asmenų sarašas/ /LVA. F. 383. Ap. 7. B. 963. L. 57. Karo komendanto duomenys 1936 m.

Die stärkste Aufmerksamkeit widmete der neue Gouverneur dem Kampf gegen die antistaatlichen Elemente und die zerstörerische Tätigkeit der nationalsozialistischen Organisationen im Memelgebiet. Mit dieser Zielsetzung wurde am 8. Februar 1934, unter seiner aktiven Beteiligung, das Gesetz zum Schutz des Volkes und des Staates verabschiedet. Es leitete den entscheidenden Zusammenstoß zwischen der Zentralgewalt und den gegen sie gerichteten Kräften ein. Vom Umfang dieses Kampfes zeugen die Angaben des Kriegskommandanten für das Memelgebiet über die Zahl der von ihm für verschiedene Vergehen bestraften Personen: Sie stieg von 27 im Jahr 1932 auf schon 216 im Jahr 1933 (die meisten von ihnen wurden gegen Jahresende bestraft) bis auf 247 im Jahr 1934 und ging 1935 auf 86 zurück. Insgesamt wurden zwischen 1932 und 1935 im Memelgebiet 576 Personen vom Kriegskommandanten bestraft, darunter 67 wegen Mißachtung und Beleidigung des litauischen Staates, der Regierung und der Armee, 149 wegen Aufwiegelung eines Bevölkerungsteiles gegen den anderen, 75 wegen illegalen Waffenbesitzes, 57 wegen Tragens verbotener Uniform(-teile), 30 wegen Widersetzlichkeit oder Widerstand gegen die Polizei, 19 wegen unerlaubter Versammlungstätigkeit, 6 wegen Einfuhr und Verkauf von Uniformen und Hoheitsabzeichen eines fremden Staates, sowie 13 wegen Verbreitung unwahrer Nachrichten.[31] Von 160 Personen ist der ihnen zur Last gelegte Tatbestand unbekannt.

Von den ernsten Absichten der litauischen Regierung, im Memelgebiet die antistaatlichen Elemente zu zerschlagen, zeugte auch die sorgfältige Vorbereitung des Prozesses, der ihnen in Kaunas gemacht wurde. Dieser Prozeß hatte einmaligen Charakter, ist aber aus unterschiedlichen Gründen leider weder damals noch später hinreichend gewürdigt worden. 1934/35 gab es keinen analogen Vorgang; unter Anklage wurden hauptsächlich Mitglieder von nationalsozialistischen Organisationen gestellt. Zwar wäre es übertrieben, diesen Prozeß als antinazistisch oder als kleines Nürnberg zu bezeichnen (den meisten Angeklagten wurde nicht Verbreitung der NS-Ideologie, sondern ihre

---

31 Verzeichnis (von 1936) der durch Beschlüsse des Kommandanten des Memelgebietes bestraften Personen. LStA, F. 383, Ap. 7, B. 963, L. 57.

antivalstybine veikla prieš Lietuvą), vis dėlto tai pirmas toks ryžtingas bandymas pažaboti nacius Europoje. Vienas šio proceso iniciatorių, Jonas Navakas, buvo vienas iš nedaugelio to meto Europos politikų, kuris jau tuomet gerai suprato nacių keliamą grėsmę Europai ir būtinybę su jais kovoti visomis priemonėmis. Šia prasme gubernatoriaus Jono Navako veikla Klaipėdos krašte dar laukia specialaus tyrimo.

Tik prasidėjus procesui, Lietuvos vyriausybė buvo kupina optimizmo. Būta net nuomonės, jog pasinaudojant palankiu momentu reikėtų sudaryti su signatarais naują susitarimą dėl Klaipėdos, t. y. pamėginti nusikratyti Statutu arba bent jau taip jį modifikuoti, jog ateityje Vokietija ir jos šalininkai negalėtų juo naudotis kaip ginklu prieš Lietuvą. Lietuvos diplomatams užsienyje buvo duotas nurodymas pazonduoti dirvą tokiam susitarimui sudaryti,[32] tačiau netrukus paaiškėjo, jog tai tik iliuzija. Vis dėlto šie pavedimai savaime liudijo apie Kaune vyravusias pažiūras į Statutą.

Tačiau šiuo atveju svarbu ne tiek pati bylos eiga ir jos diplomatiniai užkulisiai, ir net ne tai, kad jos metu pavyko įrodyti neginčytinus vietinių nacių ryšius su Vokietija, o tai, kaip šis procesas atsiliepė Lietuvos pozicijoms Klaipėdoje. Deja, tenka konstatuoti, jog jis beveik nepakeitė padėties krašto viduje, tik labai sukomplikavo santykius su Vokietija. Dar daugiau, galima teigti, jog Lietuvai nepavyko pasiekti tikslų, kuriuos ji turėjo proceso išvakarėse. Neužteko vien tik įrodyti ardomąjį nacių darbą bei jų ryšius su Vokietija, šį procesą dar reikėjo ir logiškai užbaigti, t. y. nubausti kaltininkus. O tai padaryti dėl tam

---

32 1935. II. 2 Lietuvos pasiuntinio Berlyne J. Šaulio slaptas laiškas užsienio reikalų ministrui S. Lozoraičiui/ /LVA. F. 383. Ap. 7. B. 1728. L. 34-34a; 1935. II. 9 J. Urbšio instrukcija Lietuvos pasiuntiniams užsienyje/ /Ten pat. L. 28.

konkrete antistaatliche, gegen Litauen gerichtete Tätigkeit vorgeworfen). Indessen handelte es sich um den ersten entschiedenen Versuch, die Nazis in Europa zu bändigen. Einer der Initiatoren des Prozesses, Jonas Navakas, gehörte zu den wenigen Politikern, die schon damals begriffen, welche Gefahr die Nazis für Europa bedeuteten und wie notwendig es war, sie mit allen Mitteln zu bekämpfen. Unter diesem Aspekt bedarf die Tätigkeit des Gouverneurs Jonas Navakas im Memelgebiet (noch) einer gesonderten Untersuchung.

Unmittelbar nach Prozeßbeginn zeigte sich die litauische Regierung höchst optimistisch. Man vertrat sogar die Auffassung, daß die Gelegenheit günstig sei und ausgenutzt werden solle, um mit den Signatarmächten eine neue Vereinbarung wegen des Memelgebietes abzuschließen, d. h. das Memelstatut aufzuheben oder es mindestens so zu modifizieren, daß Deutschland und seine Vertreter es künftig nicht als Waffe gegen Litauen verwenden könnten. Die litauischen Diplomaten im Ausland wurden angewiesen, die Voraussetzungen für eine solche Vereinbarung zu erkunden.[32] Hierbei stellte sich freilich rasch heraus, daß es sich bloß um eine illusionäre Annahme handelte. Immerhin zeigten die Anweisungen der litauischen Regierung die bei ihr herrschende Einstellung gegenüber dem Memelstatut an.

Für unsere Themenstellung sind nun nicht der Verlauf der Angelegenheit als solcher und ihre diplomatischen Hintergründe, ja nicht einmal die Tatsache wichtig, daß es gelungen ist, die Verbindung zwischen den memelländischen Nazis und Deutschland unbestreitbar nachzuweisen, sondern allein die Frage, wie dieser Prozeß die Position Litauens im Memelgebiet beeinflußte. Als Antwort muß man leider festhalten, daß er sie überhaupt nicht positiv verändert hat; nur die Beziehungen zu Deutschland sind noch komplizierter geworden. Man kann sogar behaupten, daß es Litauen nicht gelungen ist, die Ziele zu erreichen, die es sich am Vorabend des Prozesses gesetzt hat. Lediglich die zerstörerische Tätigkeit der Nationalsozialisten im Memelgebiet und ihre Verbindung mit Deutschland zu beweisen, reichte

---

32 Geheimes Schreiben des litauischen Gesandten in Berlin J. Šaulys an Außenminister S. Lozoraitis vom 2. 2. 1935. LStA, F. 383, Ap. 7, B. 1728, L. 34-34a; Anweisung von J. Urbšys an die litauischen Gesandten im Ausland vom 9. 2. 1935. Ebenda, L. 28.

tikrų priežasčių pasirodė ne taip lengva. Po plebiscito Saaro krašte Lietuvos vyriausybė pradėjo švelninti savo liniją procese. Šis atsitraukimas neigiamai atsiliepė jos prestižui ir Klaipėdos krašte, ir už jo ribų. Be to, vengiant komplikacijų su Vokietija ir diplomatiniais sumetimais nutylint jos generalinio konsulato vaidmenį Klaipėdos krašte, norom nenorom buvo sudaromas įspūdis, jog vietiniai gyventojai ir be išorinės įtakos kovoja prieš krašto priklausymą Lietuvos suverenitetui. Neigiamų pasekmių Lietuvos autoritetui šis procesas turėjo ir vėliau, ypač kai griežtomis bausmėmis nubausti naciai netrukus ėmė grįžti į kraštą ... Taigi ryžtingi ir gan netikėti Jono Navako bei Lietuvos vyriausybės veiksmai laukiamų rezultatų nedavė. Kodėl?

Kad atsakytume į šį klausimą, turime grįžti prie padėties Klaipėdos krašte. Kova prieš nacistinių organizacijų ardomąją veiklą, apskritai prieš antivalstybines jėgas, galėjo būti efektyvi tik tuo atveju, jei Centro vyriausybė būtų turėjusi atramą savo politikai krašte. Būtų buvę visai logiška pirmiausia ieškoti jos krašto viduje, tačiau jau maždaug nuo 1928 m. tapo visiškai aišku (nors bendra tendencija ėmė ryškėti jau anksčiau), jog Kaunas pasuko lengviausiu keliu ir yra pasiryžęs remtis pirmiausia atvykėliais iš Didžiosios Lietuvos. Tačiau tam, kad jie sudarytų nors šiokią tokią atramą Centro politikai, buvo reikalingas laikas. Tuo tarpu didlietuvių organizacijos, nežiūrint kad jos gaudavo slaptą finansinę paramą iš gubernatūros (beje, palyginti su Vokietijos generalinio konsulato disponuojamais fondais tai buvo lašas jūroje), buvo silpnos, suskilusios į grupes ir neturėdamos bendros Klaipėdos krašto ateities vizijos, kartu neturėjo nei bendros programos, nei įtakingų vadų, kuriais pasitikėtų klaipėdiškiai. Taigi jos buvo nepopuliarios ne tik tarp vokiečių, bet ir tarp vietinių lietuvių. Šias

nicht aus; dieser Prozeß mußte so zu Ende geführt werden, daß die Schuldigen bestraft wurden. Das aber war, wie sich herausstellte, nicht ganz einfach. Nach der Volksabstimmung im Saargebiet begann Litauen, seine bisherige Haltung im Prozeß abzuschwächen. Dieses Zurückstecken schadete seinem Ansehen im Memelgebiet wie auch über dessen Grenzen hinaus. Da Litauen Komplikationen mit Deutschland vermeiden wollte und im Prozeß aus diplomatischen Gründen die Rolle des deutschen Generalkonsuls in Memel verschwiegen hatte, entstand darüberhinaus der Eindruck, daß die Bewohner des Memelgebiets ohne äußere Beeinflussung gegen die Souveränität Litauens über sie und ihr Gebiet kämpften. Negative Auswirkungen auf die Autorität Litauens hatte dieser Prozeß später insbesondere auch deshalb, weil die streng bestraften memeldeutschen Nationalsozialisten schon nach kurzer Zeit nach Hause zurückkehrten. Die entschiedenen und ganz und gar unerwarteten Handlungen Jonas Navakas' und der litauischen Regierung haben mithin nicht die erhofften Resultate erbracht.

Um die Frage nach dem Warum zu beantworten, müssen wir zur Lage im Memelgebiet zurückkehren. Ein wirklich effektiver Kampf gegen die zerstörerische Tätigkeit der NS-Organisationen wie gegen die antistaatlichen Elemente überhaupt wäre nur dann möglich gewesen, wenn die Zentralgewalt eine Stütze ihrer Politik im Memelgebiet gehabt hätte. Logisch lag es ganz nahe, diese im Gebiet selbst zu suchen, doch trat schon seit etwa 1928 klar zutage (bei sich schon früher dahingehend abzeichnender allgemeiner Tendenz), daß Kaunas den vermeintlich leichtesten Weg eingeschlagen hatte, als es beschloß, sich in erster Linie auf die zugewanderten Großlitauer zu verlassen. Man brauchte aber Zeit, um ausgerechnet sie zu einer — ohnehin schwachen — Stütze der Politik des Zentrums zu machen. Obwohl sie vom Gouverneur insgeheim finanzielle Zuwendungen erhielten, die im Vergleich zu den Mitteln, über die das deutsche Konsulat verfügte, freilich bloß einen Tropfen auf dem heißen Stein ausmachten, waren die großlitauischen Organisationen sehr schwach entwickelt und in kleine Gruppen aufgesplittert, besaßen sie keine gemeinsamen Zukunftsperspektiven und deshalb kein gemeinsames Programm, keine einflußreichen Führer, auf die sich die Memelländer hätten verlassen können. Unbeliebt bei allen, auch bei den einheimischen Litauern, fanden sie fast keinen Anklang, vielleicht mit Ausnahme der Schüt-

organizacijas mažai kas rėmė, nebent šauliai. Be to, didlietuvių organizacijos daugiau atstovavo miesto, vietinių lietuvių — kaimo gyventojams.

Šis lietuviškų jėgų silpnumas ypač akivaizdus būdavo rinkimų į Seimelį metu. Priešingai vokiečiams, kurie į rinkimus visados eidavo daugmaž vieningu frontu (nors tai netrukdė jiems taktikos sumetimais naudoti formulę „atskirai žygiuoti — išvien mušti!"), lietuvių jėgos paprastai pasidalydavo į dvi dalis: didlietuvių (joms dažniausiai atstovaudavo Centro valdžios įsteigtų organizacijų nariai, šiaip atvykėliai iš Lietuvos) ir klaipėdiškių. Tarp pastarųjų separatistinės nuotaikos visada buvo stiprios, jas liudijo jų propaguojamas šūkis „Klaipėda — klaipėdiečiams!". Bendradarbiavimas tarp abiejų srovių buvo silpnas, be to, dalis vietinių lietuvių atvirai priklausė vokiečių partijoms, kurių priešrinkiminis šūkis „Dvi tautybės, bet viena kultūrinė bendruomenė! Dvi kalbos, bet viena dvasia! Dvi giminės, bet viena valia!" turėjo namažai šalininkų krašte. Tuo tarpu didlietuvių lozungai, agitavę už glaudžius ryšius su Lietuva, tomis aplinkybėmis negalėjo būti labai populiarūs. Tiesa, krašte įsikūrus didiesiems lietuviškiems kooperatyvams — „Pieno Centrui", „Maistui", „Lietūkiui", atrodė, jog santykiai su vietiniais lietuviais gali pereiti į naują kokybę. Deja, ir šis naujai užgimstantis ekonominis bendravimas daugiau lietė abiejų pusių kišenes, nei širdis.

Kita vertus, kas tie žmonės, kurie atsikėlė iš Lietuvos į Klaipėdos kraštą ir kuriais buvo manoma remtis? Pirmiausia tai buvo Centro įstaigų tarnautojai, kurių negalėjo būti gausu. Be to, kai kurie iš jų į Klaipėdą buvo siunčiami už įvairius prasižengimus lyg į tremtį. Daugelis jų nemokėjo vokiečių kalbos, nepažino krašto specifikos, t. y. nebuvo paruošti dirbti tomis sąlygomis, kurios ten buvo. Tačiau daugumą atvykusiųjų sudarė darbininkai, kurie ieškojo darbo arba didesnio užmokesčio (darbininko užmokestis čia buvo 10-25% didesnis,

zen. Außerdem vertraten die großlitauischen Organisationen hauptsächlich die Stadtbewohner, die Organisationen der einheimischen Litauer hingegen die Landbevölkerung.

Die Machtlosigkeit der litauischen Kräfte offenbarte sich stets besonders deutlich bei den Wahlen zum Landtag. Im Gegensatz zu den Deutschen, die dazu in einer mehr oder weniger einheitlichen Front antraten (was sie nicht hinderte, aus taktischen Gründen nach der Formel „getrennt marschieren — vereint schlagen" zu verfahren), zerfielen die litauischen Kräfte in der Regel in zwei Teile: Großlitauer (vertreten meist durch Mitglieder der von der Zentralmacht gegründeten Organisationen oder einfach durch zugewanderte Einzelpersonen) und die litauischen Memelländer. Bei diesen waren separatistische Stimmungen schon immer stark gewesen; davon zeugte der von ihnen propagierte Spruch „Memel für die Memelländer!". Die Zusammenarbeit zwischen den beiden Richtungen war schwach. Außerdem gehörte ein Teil der einheimischen Litauer ganz offen den deutschen Parteien an, deren Devise „Zwei Nationalitäten, aber eine Kulturgemeinschaft! Zwei Sprachen, aber ein Geist! Zwei Stämme, aber ein Wille!" nicht wenige Anhänger im Memelgebiet hatte. Die großlitauischen Losungen, die für enge Beziehungen zu Litauen agitierten, konnten hingegen unter solchen Bedingungen nicht sehr populär sein. Als im Memelgebiet die großen litauischen Kooperativen — Pieno centras (das Milchzentrum), Maistas (die Nahrung), Lietūkis (die litauische Wirtschaft) — gegründet wurden, schien es zwar kurzfristig so, als ob sich qualitativ neue Beziehungen mit den einheimischen Litauern anbahnen könnten, doch betraf auch dieses neu entstandene ökonomische Verhältnis weit mehr die Taschen beider Seiten als ihre Herzen.

Andererseits: Wer waren die Menschen, die aus Litauen ins Memelgebiet zogen und auf die man sich zu stützen gedachte? Da gab es erstens eine nicht sehr große Anzahl von Beamten aus Zentralbehörden. Außerdem wurden manche von ihnen wegen verschiedener Verfehlungen nach Memel gewissermaßen ins Exil abgeschoben. Die meisten konnten kein Deutsch, waren mit den Besonderheiten des Gebietes nicht vertraut, mithin unvorbereitet auf wesentliche Bedingungen ihrer Tätigkeit. Die zahlenmäßig weitaus stärkste Gruppe unter den Ankömmlingen bildeten jedoch Arbeiter, die hier Beschäftigung oder einen höheren Lohn suchten (der um 10 bis 25% über dem

72

nei Didžiojoje Lietuvoje). Šiai atvykėlių kategorijai priklausę asmenys skirdavosi nuo vietinių ne tik papročiais, bet ir išvaizda. „Tai be galo blogi mūsų tautos reprezentantai su labai žema kultūra" — vėliau rašė Lietuvos konsulas Klaipėdoje Antanas Kalvaitis.[33] Daugelis jų, išeivių iš neturtingų Žemaitijos kaimų, buvo beraščiai arba mažaraščiai. Vokiečių kalbos nemokėjimas, atsižvelgiant į kalbinę situaciją krašte, dažnai statė juos į antrarūšių žmonių padėtį. Varžomi įvairiausių Statuto apribojimų, dažnai neturėdami Klaipėdos pasų, nemažai šių žmonių skurdo ir vienintelis jų rūpestis buvo susirasti pragyvenimo šaltinį. Vargana savo egzistencija jie ne tik kompromitavo Lietuvą klaipėdiečių akyse, bet ir negalėjo būti laikomi potencialiais politiniais Centro valdžios šalininkais. Vyriausybės pastangos padėti jiems išeiti iš antrarūšių žmonių kategorijos Seimelio buvo vertinamos kaip Statuto laužymas ir grėsmė autonomijai. Beje, ir patys šie žmonės buvo politiškai indiferentiški, o ir Lietuvos vyriausybės parama jiems buvo aiškiai nepakankama. Taigi atvykėliai negalėjo tapti ta jėga, kuri būtų galėjusi pakeisti jėgų pusiausvyrą krašte. Priešingai, dėl savo varganos padėties jie dažnai būdavo priversti veikti prieš savo Tėvynės interesus. „Juk ne paslaptis, kad vokiečiai savo kumečius, kurie beveik be išimties būdavo atvykusieji iš Lietuvos, veždavo prie urnų, į kurias mūsų žmonės mesdavo vokiečių dvarininkams palankius sąrašus" — rašė Antanas Kalvaitis.[34]

Centro valdžios autoritetas labai susvyravo, kai jos šalininkams ir priešininkams paaiškėjo, jog gubernatoriaus politinė įtaka dažnai baigiasi ties Klaipėdos krašto siena. Net toks, atrodė, įtakingas ir ryžtingas žmogus kaip Jonas Navakas, be Juozo Tūbelio palaiminimo negalėjo žengti nei vieno atsakingesnio žingsnio. Norėdamas įsigyti dau-

33 1940. I. 25 Lietuvos konsulo Klaipėdoje A. Kalvaičio pranešimas J. Urbšiui/ / LVA. F. 383. Ap. 2. B. 20. L. 3.

34 Ten pat.

in anderen Gebieten Litauens lag). Die Zuwanderer dieser Kategorie fielen nicht nur durch ihre Gewohnheiten, sondern auch durch ihr Äußeres auf. „Das waren schlechte Repräsentanten unseres Volkes, von einer sehr niedrigen Kultur", schrieb später der litauische Konsul im Memelgebiet Antanas Kalvaitis.[33] Viele von ihnen, die aus armen Dörfern Schemaitens stammten, konnten kaum oder gar nicht lesen und schreiben. Dies und völlig fehlende Deutschkenntnisse machten sie, wenn man die sprachliche Situation im Memelgebiet berücksichtigt, zu Menschen zweiter Klasse. Nicht wenige von ihnen, deren Rechte durch das Memelstatut eingeschränkt waren, die oft keine memelländischen Pässe besaßen, lebten in völliger Armut, und ihre einzige Sorge war, Mittel für ihren Lebensunterhalt zu finden. Derart arme Existenzen kompromittierten Litauen in den Augen der Memelländer und konnten nicht als potentielle politische Anhänger der zentralen Staatsmacht gelten. Die Bemühungen der Regierung, ihnen aus der drohenden oder schon tatsächlichen Zweitklassigkeit herauszuhelfen, verurteilte der Landtag als Verstoß gegen das Memelstatut und Gefahr für die Autonomie. Übrigens waren diese Menschen politisch indifferent; die materiellen Hilfen der litauischen Regierung für sie reichten nicht aus. Die Zuwanderer konnten mithin das Kräfteverhältnis im Memelgebiet nicht verändern, waren im Gegenteil wegen ihrer schwierigen Lage oft gezwungen, gegen Interessen ihrer Heimat zu handeln. „Es ist kein Geheimnis, daß die Deutschen ihre Tagelöhner, die fast ausnahmslos Zuwanderer aus Litauen gewesen waren, zu den Urnen geführt haben, in die unsere Leute die für die deutschen Gutsherren günstigen Stimmlisten hineingeworfen haben", schrieb rückblickend Antanas Kalvaitis.[34]

Die Autorität Litauens begann zu schwanken, als seinen Anhängern und Gegnern klar wurde, daß der politische Einfluß des Gouverneurs oft an der Grenze des Memelgebietes endete. Sogar ein so einflußreicher und entschlossener Mann wie Jonas Navakas konnte ohne Genehmigung von Juozas Tübelis keinen wichtigeren Schritt

---

33 Bericht des litauischen Konsuls in Memel A. Kalvaitis an J. Urbšys vom 25. 1. 1940. LStA, F. 383, Ap. 2, B. 20, L. 3.

34 Ebenda.

giau šalininkų, Jonas Navakas (beje, kaip ir jo pirmtakai) dažnai duodavo pažadų, kuriuos vėliau dėl Centro valdžios nelankstumo ar neįsigilinimo į reikalo esmę nebegalėdavo tesėti. Tai ne tik kenkė gubernatoriaus prestižui, bet ir trukdė efektyviam krašto valdymui. Centrinė valdžia, siekdama realizuoti savo tikslus, disponavo dar kariuomene, saugumo policija, šauliais, tačiau šios jėgos tegalėjo būti tik papildomais ir labai abejotinais argumentais ilgalaikėje politinėje kovoje dėl įsitvirtinimo Klaipėdoje.

Kokios gi buvo Centrui oponuojančių jėgų pozicijos krašte? Užtenka paminėti, jog šios jėgos kontroliavo Seimelį, dažniausiai direktoriją, t. y. organus, lėmusius svarbiausius krašto sprendimus. Todėl nenuostabu, jog Seimelis, kuris skelbėsi esąs vos ne vienintelis Klaipėdos Statuto gynėjas, dažnai pats ignoruodavo jo nuostatus, gynusius Centro interesus. Pvz., visa jo dokumentacija buvo tvarkoma tik vokiečių kalba — tai buvo atviras Statuto pažeidimas. O autonominės įstaigos, pavydžiai sekusios, kad koks didlietuvis negautų Klaipėdos paso, užmerkė akis, kai jis buvo neteisėtai išduotas Otomarui Schreiberiui, kuris tapo direktorijos pirmininku nemokėdamas lietuvių kalbos ir net nebūdamas kilimo iš Klaipėdos krašto. Tuo tarpu pagal Statuto 17 ir 27 str. direktorijos pirmininkas turėjo būti vietinis ir mokėti abi kalbas. Statute užfiksuotas lietuvių ir vokiečių kalbų lygiateisiškumo principas praktiškai buvo fikcija, kadangi lietuviškai susikalbėti tebuvo galima tik Lietuvos vyriausybės įstaigose arba lietuviškosiose firmose. Taip lietuvių kalba buvo išstumiama iš klaipėdiečių gyvenimo ir sudaromos sąlygos vokiečių kalbos dominavimui. Tokiomis sąlygomis Klaipėdos lietuviai, vengdami diskriminacijos, geriau vartodavo vokiečių, o ne gimtąją kalbą.

Kita vertus, Centro valdžios pozicijas Klaipėdos krašte neigiamai veikė ir tai, jog kai kurios lietuvių įstaigos nepajėgdavo atlaikyti konkurencijos lyginant jas su vokiškomis. Žinoma, lietuviškai administracijai trūko patirties ir tradicijų. Per tokį istoriškai trumpą laikotarpį,

unternehmen. Um mehr Anhänger zu gewinnen, machte Jonas Nava-
kas (wie auch sein Vorgänger) oft Versprechungen, die er später we-
gen der Unbeweglichkeit und des Unverständnisses der Zentralge-
walt nicht erfüllen konnte. Schaden erlitt dadurch nicht nur das Pre-
stige des Gouverneurs, sondern gestört wurde auch die Effizienz der
Verwaltung im Gebiet. Zur Verwirklichung ihrer Pläne standen der
zentralen Staatsmacht auch die Armee, die Sicherheitspolizei und die
Schützen zur Verfügung, doch sie konnten nur als zusätzliche und
sehr zweifelhafte Hilfen im politischen Dauerringen um die Integra-
tion des Memelgebietes dienen.

Welche Position hatten hier eigentlich die gegen das Zentrum op-
ponierenden Kräfte inne? Sie kontrollierten, wie anzumerken genügt,
den Landtag und hauptsächlich das Direktorium, d. h. die Organe,
die die wichtigsten Beschlüsse faßten. Es ist deshalb nicht erstaunlich,
daß der Landtag, der sich für den fast einzigen Beschützer des Me-
melstatuts hielt, dessen Vorschriften ignorierte, soweit sie Interessen
des Zentrums verteidigten. So wurde etwa die gesamte Dokumenta-
tion dieser Institution nur in deutscher Sprache abgefaßt, was ein of-
fener Verstoß gegen das Memelstatut war. Die autonomen Behörden,
die argwöhnisch darauf achteten, daß kein Großlitauer einen memel-
ländischen Paß bekam, schlossen die Augen, als Dr. Ottomar Schrei-
ber ein solcher Paß ausgestellt und er zum Direktoriumpräsidenten
gewählt wurde, obwohl er — entgegen Artikel 17 und 27 des Memel-
statuts — weder Litauisch konnte noch einheimischer Herkunft war.
Das im Statut festgelegte Prinzip der Gleichberechtigung der beiden
Sprachen war in Wirklichkeit bloß eine Fiktion, denn sich auf Litau-
isch zu verständigen war nur in Behörden der litauischen Regierung
und in litauischen Firmen möglich. So wurde die litauische Sprache
aus dem Leben der litauischen Memelländer verdrängt, und eine
Voraussetzung für den Vorrang der deutschen Sprache geschaffen.
Unter solchen Bedingungen benutzten die memelländischen Litauer
lieber die deutsche als ihre Muttersprache, um eine tatsächliche Dis-
kriminierung zu vermeiden.

Andererseits beeinträchtigte die Stellung der Zentralmacht im Me-
melgebiet auch die Tatsache, daß manche litauischen Behörden nicht
imstande waren, mit den deutschen zu konkurrieren. Die litauische
Verwaltung besaß in der Tat zu wenig Erfahrung und Tradition. Die
Erste Republik Litauen war noch sehr jung und es ihr in geschichtlich

76

kurį gyvavo Pirmoji Lietuvos Respublika, buvo neįmanoma sukurti efektyviai veikiantį administracinį aparatą. Tuo tarpu vokiečių administracinės struktūros, turinčios šimtametes tradicijas, funkcionavo puikiai. Jose dirbo profesionalūs valdininkai, su kuriais lietuvių tarnautojams buvo nelengva konkuruoti.

Be to, nepaisant visų gubernatoriaus pastangų, antilietuviškoms jėgoms pavyko užimti dominuojančias pozicijas tokiose svarbiose kraštui įstaigose kaip teismai ir mokyklos. Ypač nepalanki Centro valdžiai situacija buvo susidariusi teismuose. Faktiškai vienoje valstybėje veikė dvi — lietuviškoji ir vokiškoji — teismų sistemos ir Seimelis visokeriopai stengėsi išsaugoti teisinės sistemos su Vokietija vientisumą. Dauguma krašto teisėjų optacijos metu nepriėmė Lietuvos pilietybės ir gyveno svetimšalių teisėmis, nors tai netrukdė jiems eiti savo pareigas. Tuo tarpu Vokietijoje tuo metu svetimšalis negalėjo būti net teismo tarėju. Teismuose nebuvo galima susikalbėti su teisėjais lietuviškai be vertėjų paramos. 1930 m. sausio 3 d. gubernatoriui atkreipus direktorijos dėmesį į tai, jog teisėjai nemoka lietuvių kalbos, jam buvo atsakyta, kad direktorija „nelaiko reikalinga, kad abi kalbos turėtų lygias teises ...".[35]

Lietuvos vyriausybei bandant keisti padėtį ir nuo 1927 m. pradėjus Vytauto Didžiojo Universitete rengti Klaipėdos kraštui teisės specialistus, Direktorija ėmėsi atsakomųjų priemonių. Nuo 1929 m. ji pradėjo nepripažinti VDU diplomo ir nepriimdavo šį universitetą baigusiųjų į autonomines teismo įstaigas. Nepripažįstami buvo ne tik teisininkų, bet ir kitų Lietuvos aukštąsias mokyklas baigusių specialistų diplomai. Tokiu būdu buvo bandoma neįsileisti į autonomines įstaigas

35 1931. VIII. 29 Klaipėdos krašto gubernatoriaus Pro memoria/ /LVA. F. 383. Ap. 7. B. 1079. L. 19-26.

so kurzer Frist unmöglich, einen effektiven Verwaltungsapparat auf-
zubauen. Die deutschen Verwaltungsstrukturen, die jahrhundertelan-
ge Traditionen besaßen, funktionierten hingegen ausgezeichnet. Dort
arbeiteten Berufsbeamte, mit denen mitzuhalten den litauischen Be-
amten nicht leicht fiel.

Außerdem ist es, ungeachtet aller Bemühungen des Gouverneurs,
den antistaatlichen Kräften gelungen, führende Positionen in für das
Gebiet so wichtigen Behörden wie Gerichten und Schulen zu beset-
zen. Besonders ungünstig für die zentrale Staatsmacht war die Situa-
tion bei den Gerichten. In ein und demselben Staat funktionierten
tatsächlich zwei Gerichtssysteme, das litauische und das deutsche,
und der Landtag bemühte sich, das einheitliche Rechtssystem mit
Deutschland zu erhalten. Die meisten Richter des Memelgebietes
wollten während der Optionsfrist nicht die litauische Staatsangehö-
rigkeit erwerben und lebten mit Ausländerrechten, ohne dadurch an
ihrer Amtsausübung gehindert zu werden. In Deutschland konnte
hingegen zu jener Zeit ein Ausländer nicht einmal als Schöffe amtie-
ren. Darüber hinaus konnte man sich im Memelgebiet bei Gerichts-
behörden mit Richtern auf Litauisch ohne Dolmetscher nicht verstän-
digen. Als am 3. Januar 1930 der Gouverneur das Direktorium dar-
auf aufmerksam machte, daß die Richter nicht Litauisch könnten,
wurde ihm erwidert, daß das Direktorium „die Gleichberechtigung
der beiden Sprachen nicht für notwendig hält ... ".[35]

Zuvor eingeleitete Bemühungen der litauischen Regierung, die
Lage dadurch zu ändern, daß seit 1927 an der Universität von Vytau-
tas dem Großen in Kaunas Juristen für das Memelgebiet ausgebildet
wurden, beantwortete das Direktorium mit Gegenmaßnahmen. Ab
1929 deklarierte es seinerseits die Nichtgültigkeit dieses Diploms für
das Memelgebiet und nahm dementsprechend Absolventen dieser
Universität in die autonomen Gerichtsbehörden nicht auf. Übrigens
wurden nicht nur Diplome der Juristen, sondern auch die anderer
Disziplinen, sofern sie an litauischen Hochschulen erworben worden
waren, nicht anerkannt. Auf diese Weise versuchte man Beamte mit
loyaler Einstellung gegenüber Litauen von autonomen Behörden

---

35 Pro Memoria des Gouverneurs des Memelgebietes vom 29. 8. 1931. LStA, F. 383,
   Ap. 7, B. 1079, L. 19-26.

lojalių Lietuvai tarnautojų. Kas ten šeimininkavo, matyti iš žemiau pateikiamų duomenų: iš 1487 bendro autonominių įstaigų valdininkų skaičiaus, dr. Ernsto Neumanno Sozialistische Volksgemeinschaft (SOVOG) partijai priklausė — 504, Theodoro von Sasso Christlich-Sozialistische Arbeitsgemeinschaft (CSA) partijai — 257, taigi iš viso nacistinėms organizacijoms priklausė 761 valdininkas, arba 51% visų autonominių įstaigų tarnautojų![36] Apie šių tarnautojų politines pažiūras plačiau kalbėti nėra prasmės.

Dr. Ernesto Neumanno ir Theodoro von Sasso organizacijoms priklausė ir 30% visų Klaipėdos krašto mokytojų, todėl neverta stebėtis, jog dažnas moksleivis Klaipėdoje geriau žinojo, kada valdė Frydrichas Didysis, arba kas parašė Mein Kampf, nei kas tuo metu buvo Lietuvos prezidentu. Krašto mokyklose lietuvybės pozicijos buvo labai silpnos. Tai patvirtina ir 1929 m. mokyklų patikrinimo duomenys. Pvz., Šilutės apskrityje iš 66 mokyklų buvo patikrintos 35. Tarp jų 33-jose dėstomoji buvo vokiečių kalba, 2-jose — lietuvių. Lietuvių kalba kaip dalykas patenkinamai buvo dėstoma tik 4 mokyklose. Iš 57 mokytojų visai lietuvių kalbos nemokėjo 35, mokėjo nepatenkinamai — 17, patenkinamai — 5. Tuo tarpu mokinių sudėtis tautybės atžvilgiu buvo: 758 lietuviai, 569 vokiečiai![37] Analogiška padėtis buvo ir kitose apskrityse. Neatsitiktinai Lietuvos šalininkai būtent mokytojus laikė svarbiausiu germanizavimo ramsčiu Klaipėdos krašte.

Tačiau, reikia pripažinti, kad kai kurios Centro valdžios priemonės, taip pat ir švietimo srityje, suteikdavo jo oponentams papildomų argumentų kovoje prieš „totalinę lituanizaciją". Tokios neapgalvotos veiklos pavyzdžiu galėtų būti Martyno Reizgio direktorijos pradėta švietimo „reforma" krašte, kuri numatė, jog dėstomąją kalbą mokyklose turėjo lemti mokinių kilmė, tiksliau — jų pavardės. Remiantis šia formule, lietuvių dėstomąja kalba Klaipėdos mieste turėjo būti 10 pradžios mokyklų, Klaipėdos apskrityje — 72, Šilutės — 62, Pagėgių

---

36 LE. T. 20 P. 253 — cituojamas šaltinis nenurodo datos. Manyčiau, kad 1934 m.

37 1931. VIII. 29 Klaipėdos krašto gubernatoriaus Pro memoria/ /LVA. 383. Ap. 7. B. 1079. L. 19-26.

fernzuhalten. Wer dort herrschte, geht aus folgenden Angaben deutlich hervor: Von den insgesamt 1487 Beamten der autonomen Behörden gehörten 504 der Sozialistischen Volksgemeinschaft (SOVOG) des Dr. Ernst Neumann, 257 der Christlich-Sozialistischen Arbeitsgemeinschaft (CSA) des Theodor von Sass an. Insgesamt 761 oder 51% der Beamten dieser Behörden waren mithin Mitglieder nationalsozialistischer Organisationen.[36] Es lohnt sich nicht, die politischen Ansichten dieser Personen ausführlicher zu behandeln.

Den beiden gerade genannten Organisationen gehörten ferner 30% aller Lehrer im Memelgebiet an. Deshalb ist es nicht erstaunlich, daß ein memelländischer Schüler oft besser wußte, wann Friedrich der Große regiert oder wer „Mein Kampf" geschrieben hatte, als wer gerade Präsident Litauens war. Dem entsprach eine schwache Repräsentanz des Litauertums an den memelländischen Schulen. Das bestätigen auch die Ergebnisse amtlicher Visitationen im Jahr 1929. Dabei wurden z. B. im Kreis Heydekrug von 66 Schulen 35 überprüft. In 33 war die Unterrichtssprache Deutsch, in 2 Litauisch. Als Unterrichtsfach wurde die litauische Sprache nur an vier Schulen befriedigend gelehrt. Von 47 Lehrern konnten Litauisch gar nicht 35, unbefriedigend 17, befriedigend 5, während ihrer nationalen Herkunft nach 758 Schüler Litauer und 569 Deutsche waren.[37] Eine analoge Situation bestand auch in anderen Kreisen. Nicht zufällig hielten die Anhänger Litauens gerade Lehrer für die wichtigste Stütze der Germanisierung im Memelgebiet.

Andererseits muß man zugeben, daß manche Maßnahmen der zentralen Staatsmacht, darunter auch im Bereich der Bildung, ihren Gegnern erwünschte Argumente im Kampf gegen die „totale Litauanisierung" lieferten. Eine derart unbedachte Maßnahme stellte zum Beispiel die „Bildungsreform" dar, die das Direktorium von Martynas Reizgys eingeleitet hatte. Gemäß dieser Reform sollte über die Unterrichtssprache an den Schulen die jeweilige Herkunft der Schüler entscheiden, genauer gesagt: ihre Familiennamen. Aufgrund dieses Beschlusses sollte in der Stadt Memel an 10, im Kreis Memel an 72,

---

36 LE, Bd. 20, S. 253. In der zitierten Quelle fehlt eine Zeitangabe (vermutlich 1934).

37 Pro Memoria des Gouverneurs des Memelgebietes vom 29. 8. 1931. LStA, F. 383, Ap. 7, B. 1079, L. 19-26.

apskrityse — 79 pradžios mokyklos; tuo tarpu vokiečių dėstomąja kalba Klaipėdos mieste turėjo likti 2, Pagėgių apskrityje — 4 pradžios mokyklos, etc.[38] Tai buvo labai neapgalvotas sprendimas, kuris labiau panašus į „kavalerijos antpuolį", nei į švietimo reformą. Iškalbingas buvo ir gubernatoriaus Jono Navako laikais atsiradęs reikalavimas tarnautojams darbe kalbėtis lietuviškai, privalomai dalyvauti valstybinėse šventėse, savo vaikus leisti tik į lietuviškas mokyklas. Šie ir kai kurie kiti žingsniai, Kauno politikų manymų, turėję sustiprinti lietuvybės pozicijas krašte, duodavo priešingą rezultatą nei buvo laukiama. Priversti vietinius gyventojus per jėgą tapti Lietuvos šalininkais vis tiek nepavykdavo, o nuteikti juos prieš save buvo kur kas lengviau.

Statuto nuostatus pažeidinėjo ne tik Centro valdžia, siekianti įsitvirtinti krašte. Ne mažiau aktyviai juos laužė ir patys „autonomistai". Tačiau jei pirmuoju atveju kildavo didelis triukšmas krašte ir už jo ribų, tai antruoju atveju šie pažeidimai dažniausiai buvo nutylimi arba traktuojami kaip savaime suprantamų Klaipėdos vokiškosios visuomenės teisių, iki tol ignoruotų lietuvių, realizavimas. Esant tokiai padėčiai, Centro valdžios galimybės vykdyti savo politiką krašte buvo labai komplikuotos. Oponuojančios jėgos sudarė realią ir pajėgią opoziciją, kuri galėjo efektyviai kliudyti Klaipėdos krašto ir Lietuvos integracijai.

Siekimas atsikratyti Seimelio arba bent jau apriboti jo galią Lietuvoje turėjo ir savo vidinę logiką. Antano Merkio ir Jono Navako gubernatorystės metai faktiškai sutapo su didžiausiu parlamentarizmo krizės laikotarpiu Lietuvoje. Kadangi Lietuvoje nebuvo demokratinio parlamento nuo 1926 m. gruodžio mėn. perversmo, vyriausybės akimis žiūrint, Klaipėdos krašto Seimelis atrodė kaip politinė anomalija. Vyravo nuomonė, jog šį Seimelį, negalint kardinaliai spręsti klausimo,

---

38 Klaipėdos krašto vyriausybės žinios. 1934. XII. 1. Nr. 134. L. 1021-1022.

im Kreis Heydekrug an 62 und im Kreis Pogegen an 79 Grundschulen Litauisch Unterrichtssprache werden, während Deutsch Unterrichtssprache in der Stadt Memel an 2, im Kreis Pogegen an 4 Grundschulen bleiben sollte.[38]

Diese unüberlegte Entscheidung aus dem Jahr 1934 ähnelte mehr einer „Kavallerieattacke" als einer Bildungsreform. Bemerkenswert war auch die unter dem Gouverneur Jonas Navakas erhobene Forderung, daß Beamte im Dienst Litauisch sprechen, an staatlichen Festlichkeiten unbedingt teilnehmen mußten und ihre Kinder nur litauische Schulen besuchen durften. Diese und andere Schritte, die nach Meinung der Politiker in Kaunas Positionen des Litauertums im Memelgebiet sichern sollten, führten nicht zu den erhofften, sondern zu entgegengesetzten Resultaten. Es ist ohnehin nicht gelungen, die einheimischen Bewohner zu zwingen, Anhänger Litauens zu werden. Viel leichter war es, sie gegen Litauen einzunehmen.

Die Bestimmungen des Memelstatuts verletzte nicht nur die Zentralgewalt im Bestreben, ihre Stellung im Memelgebiet zu festigen. Nicht weniger verstießen gegen sie auch die Autonomisten. Während man jedoch im ersten Fall sowohl im Memelgebiet als auch außerhalb seiner Grenzen großen Krach schlug, wurden die Verstöße im zweiten Fall meist mit Stillschweigen bedacht oder als selbstverständliche Verwirklichung von bisher durch Litauen ignorierten Rechten der memeldeutschen Gesellschaft dargestellt. Solche Gegebenheiten erschwerten sehr die Möglichkeiten der Zentralgewalt, ihre Politik im Memelgebiet durchzuführen. Die Gegenkräfte bildeten eine reale und mächtige Opposition, welche die Integration des Memelgebietes in Litauen effektiv zu verhindern wußte.

Das Bestreben Litauens, den Landtag loszuwerden oder zumindest seine Macht einzuschränken, folgte seiner eigenen Logik. Die Amtszeit der Gouverneure Antanas Merkys und Jonas Navakas fielen mit der längsten Parlamentarismus-Krise in Litauen zusammen. Da es in Kaunas seit dem Umsturz im Dezember 1926 kein demokratisches Parlament gab, betrachtete die Regierung den memelländischen Landtag als eine politische Anomalie. Es herrschte die Meinung vor, daß man, sofern das Kardinalproblem nicht lösbar sei, seine Befug-

---

38 Klaipėdos krašto Vyriausybės žinios vom 1. 12. 1934, Nr. 134, S. 1021-1022.

reikia bent jau kuo stipriau pažaboti. Tai ir tikėjosi įgyvendinti Jonas Navakas, kuris žadėjo Klaipėdos kraštą padaryti eiline Lietuvos Respublikos apskritimi, o direktorijos pirmininką — paprastu Lietuvos apskrities viršininku. Atsižvelgiant į tai, jog ir kaimyninėse valstybėse buvo einama prie diktatūros, šios antiautonominės pažiūros nebuvo originalios to meto Rytų ir Centrinėje Europoje. Deja, tokie Kauno politikų planai pirmiausia liudijo apie visišką krašto specifikos nepažinimą arba bent jau pasiryžimą nesiskaityti su ja. Tačiau dar paradoksaliau atrodė, kai likvidavęs parlamentarizmą bei demokratiją Vokietijoje Trečiasis Reichas įnirtingai ėmėsi ginti demokratinės santvarkos pagrindus Klaipėdoje.

Vis dėlto, apibendrinant šį periodą, reikia pastebėti, jog taip elgtis, kaip elgėsi gubernatorius Jonas Navakas Klaipėdoje, tebuvo galima dviem atvejais: arba turint signatarinių valstybių paramą kietam kursui ir tvirtas jų garantijas dėl Lietuvos suvereniteto bei vientisumo išsaugojimo, arba turint ne mažiau divizijų nei Vokietija. Kadangi nei vieno, nei kito Lietuva neturėjo, „naujasis kursas" buvo pasmerktas nesėkmei. Jono Navako atsistatydinimas 1935 m. pavasarį reiškė ne tik jo, kaip politiko, asmeninę nesėkmę, bet kartu liudijo, jog kietos rankos politika Klaipėdos krašte patyrė visišką fiasko.

Su Jono Navako atsistatydinimu bei Vlado Kurkausko paskyrimu į gubernatoriaus postą 1935 m. balandžio 4 d. prasidėjo paskutinis „kovos dėl Klaipėdos" laikotarpis, kurį galima būtų pavadinti „Palaipsnės kapituliacijos" etapu. Šis etapas kokybiškai skyrėsi nuo dviejų iki tol buvusių. Esminis skirtumas — pasikeitusios tarptautinės Klaipėdos problemos apystovos bei smarkiai padidėjęs išorinio faktoriaus vaidmuo krašto reikaluose. Šiuo laikotarpiu kova dėl įtakos sferų krašte faktiškai buvo baigta ir iniciatyva perėjo nacistinėms organizacijoms, kurios pamažu tapo tikraisiais krašto šeimininkais.

Ironiška, kad šis paskutinis etapas Centrinei valdžiai prasidėjo ne taip blogai. 1935 m. rugsėjo mėn. rinkimuose į Seimelį lietuviškieji są-

nisse möglichst stark beschneiden müsse. Darauf hoffte auch Jonas Navakas, der versprach, das Memelgebiet in einen einfachen Bezirk der Republik Litauen und den Präsidenten des Direktoriums in einen einfachen Verwalter dieses litauischen Bezirks zu verwandeln. Angesichts der Tatsache, daß sich die Nachbarstaaten ebenfalls einer autoritären bzw. einer diktatorischen Ordnung näherten, waren diese autonomiefeindlichen Ansichten im ehemaligen Ost- und Mitteleuropa nicht sonderlich originell. Leider offenbaren derartige Pläne der Politiker in Kaunas auch eine völlige Unkenntnis der Besonderheiten des Memelgebietes oder zumindest deren Entscheidung, diese Besonderheiten nicht zu berücksichtigen. Erst recht paradox erscheint indessen, daß das Dritte Reich, das Parlamentarismus und Demokratie in Deutschland vernichtet hatte, im Memelgebiet die Grundlagen der demokratischen Ordnung zu verteidigen begann.

Zusammenfassend ist zu dieser Periode zu bemerken, daß ein Verhalten, wie das von Gouverneur Jonas Navakas im Memelgebiet, nur zulässig gewesen wäre, sofern man entweder die Unterstützung der Signatarmächte für einen so harten Kurs und deren feste Garantien für Erhaltung der Souveränität und Integrität Litauens gewonnen, oder sofern man nicht weniger Divisionen als Deutschland gehabt hätte. Da Litauen weder das eine noch das andere besaß, war der „neue Kurs" zum Scheitern verurteilt. Der Rücktritt von Jonas Navakas im Frühling 1935 bedeutete nicht nur seinen persönlichen Mißerfolg als Politiker, sondern zeugte auch davon, daß die harte Politik im Memelgebiet ein völliges Fiasko erlitten hatte.

Mit dem Rücktritt von Jonas Navakas und der Ernennung von Vladas Kurkauskas zum Gouverneur am 4. April 1935 begann die letzte Etappe „des Kampfes um Memel", die als Etappe „der allmählichen Kapitulation" bezeichnet werden könnte. Diese Etappe unterschied sich qualitativ von den beiden vorangegangenen. Die wesentliche Veränderung betraf das internationale Umfeld und das Gewicht des auswärtigen Faktors in den Angelegenheiten des Memelgebietes. In diesem Zeitabschnitt war der dortige Kampf um Einflußsphären eigentlich zu Ende, und die Initiative ergriffen die NS-Organisationen, die allmählich zu tatsächlichen Beherrschern des Memelgebietes aufstiegen.

Der Anfang dieser Etappe verlief, auch wenn es ironisch klingen mag, nicht so schlimm für Litauen. Bei den Landtagswahlen im Sep-

rašai išsaugojo turėtas 5 vietas, o procentiniu atžvilgiu net sugebėjo 0,1% pagerinti savo rezultatą. Bet tai buvo menka paguoda bendrame krašto reikalų kontekste. Ypač grėsmingai atrodė permainos tarptautinės politikos srityje. Vokietijos politinis bei ideologinis presingas Europai, nebaudžiamas kaimynų terorizavimas ir kišimasis į jų vidaus reikalus darė didelę įtaką padėčiai Klaipėdos krašte ir neigiamai veikė Lietuvos vyriausybės pasiryžimą ginti ten savo interesus visomis priemonėmis. Austrijos ir Čekoslovakijos pavyzdžiai iškalbingai liudijo, jog grubi prievarta tampa labiausiai praktikuojamu Vokietijos užsienio politikos metodu. Ypač apgailėtinai naujoje politinėje konsteliacijoje atrodė Klaipėdos Konvencijos signatarai. Iš Londono, jau nekalbant apie Paryžių, ypač po Miuncheno, vis dažniau buvo pabrėžiama, esą Didžioji Britanija tėra tik Klaipėdos Konvencijos signataras, bet ne garantas. Laukti Didžiosios Britanijos ar Prancūzijos paramos Klaipėdos klausimu buvo nerealu. Žinoma, Londonas ir Paryžius tuo metu turėjo svarbesnių reikalų nei Klaipėda, tačiau signatarų nuolaidžiavimas Trečiajam Reichui visiškai atpalaidavo vietinių nacių rankas. Tuo tarpu stiprių veiksnių, kurie būtų galėję paraližuoti nacių politinę propagandą bei ideologiją klaipėdiečių, ypač kaimo žmonių, psichikoje nebuvo.

Nuo 1938 m. Lietuvai teliko viena objektyvi galimybė — eiti mažiausio pasipriešinimo linkme, vengiant susidūrimų, kurie galėtų sukelti lemtingą krizę santykiuose su Vokietija. Tai buvo daroma gana originaliai — Lietuvos vyriausybė sutiko patenkinti praktiškai kiekvieną Vokietijos reikalavimą, tikintis, jog tokiu būdu gal pavyks sulaikyti ją nuo drastiškų priemonių. Deja, ir šis eksperimentas buvo nesėkmingas. 1938 m. pabaigoje jau nebebuvo jokių abejonių, kad Klaipėdos likimas nuspręstas.

Tais pačiais 1938-aisiais metais sukako 15 metų kai Klaipėda buvo prijungta prie Lietuvos. Atsirado proga suvesti tų 15-os įtemptų metų balansą. Rezultatas, deja, buvo nedžiuginantis. Nemaža dalis Klaipė-

tember 1935 behielten die litauischen Listen ihre bisherigen 5 Sitze und verbesserten ihren Stimmenanteil um 0,1%. Das war freilich ein geringer Trost im allgemeinen Kontext der Entwicklungen im und um das Memelgebiet.

Besonders bedrohlich erschienen die Veränderungen im Bereich der internationalen Politik. Der politische und ideologische Druck Deutschlands auf Europa mit ungestrafter Terrorisierung der Nachbarn und Einmischung in deren innere Angelegenheiten bedingte den Entschluß der litauischen Regierung, ihre Interessen mit allen Mitteln zu verteidigen. Das Schicksal Österreichs und der Tschechoslowakei machte überdeutlich, daß grobe Gewalt zur gebräuchlichsten Methode der deutschen Außenpolitik geworden war. Höchst bedauernswert erschien in der neuen politischen Konstellation das Verhalten der Signatare der Memelkonvention. In London, von Paris ganz zu schweigen, wurde, insbesondere nach München, immer häufiger betont, daß man bloß ein Unterzeichner der Memelkonvention, nicht aber ihr Garant sei. Weder von Großbritannien noch von Frankreich war irgendeine Unterstützung in der Memelfrage zu erwarten. Beide mußten sich zwar mit wichtigeren Angelegenheiten als dem Memelproblem befassen, doch die Zurückhaltung der Signatarmächte gegenüber dem Dritten Reich ließ den memelländischen Nazis freie Hand. Es gab inzwischen keine stärkeren Kräfte mehr, die die nationalsozialistische politische Propaganda und Ideologie in der Psyche der Memelländer und insbesondere der Dorfbewohner hätten lahmlegen können.

Seit 1938 blieb Litauen objektiv nur noch die Möglichkeit, den Weg des geringsten Widerstandes einzuschlagen, um Zusammenstöße zu vermeiden, die eine entscheidende Krise in den Beziehungen mit Deutschland hervorrufen könnten. Tatsächlich wurde das auf recht originelle Weise versucht: Die litauische Regierung war bereit, jede Forderung Deutschlands zu erfüllen, und glaubte, dadurch Hitler von durchgreifenden Maßnahmen abhalten zu können. Leider war auch dieses Experiment ein Mißerfolg. Bereits 1938 bestand kein Zweifel mehr, daß das Schicksal des Memelgebietes besiegelt war.

In demselben Jahr 1938 feierte man am 15. Januar den 15. Jahrestag des Anschlusses des Memelgebietes an Litauen. Anlaß genug, spannungsreiche anderthalb Jahrzehnte zu bilanzieren. Das Ergebnis sah leider nicht erfreulich aus. Die litauischen Memelländer waren

dos krašto lietuvių buvo atsidūrusi politinių priešininkų stovykloje. Nors ir kiek dėta pastangų, krašte ir toliau dominavo vokiškas kapitalas, kuris buvo svarus argumentas kovoje su lietuvybės skverbimusi. Beje, šio skverbimosi rezultatų negalima pervertinti. Remiantis Lietuvos vyriausiojo konsulo Antano Kalvaičio duomenimis, 1923-1939 m. į Klaipėdos kraštą iš Lietuvos persikėlė daugiau kaip 30000 žmonių.[39] Didžioji dalis jų buvo darbininkai (iš jų apie 7000 lauko darbininkai), palyginti nedidelis skaičius tarnautojų ir valdininkų (su sargais ir kurjeriais apie 1700), dalis žydų prekybininkų ir pramonininkų. Tai būtų įspūdingas skaičius, turint galvoje, jog krašte 1939 m. gyveno iš viso apie 153000 gyventojų. Tačiau šio skaičiaus nepatvirtina oficialioji statistika (1925 m. surašymo duomenimis, krašte gyveno 37626 lietuviai, 1939 m. sausio 1 d. jų buvo 43226), jis neatsispindi ir rinkimų į Seimelį rezultatuose. Antra vertus, gali būti, kad neturėdami pilietinių teisių bei negalėdami dalyvauti politiniame krašto gyvenime, jie nebuvo fiksuojami ir oficialioje statistikoje. Bet kuriuo atveju šie žmonės tokioje padėtyje, kokioje jie buvo atsidūrę krašte, negalėjo tapti Centro valdžios atrama ir kelti grėsmę vietinių žmonių gerovei bei krašto autonominiam statusui. Taigi kalbos apie krašto kolonizaciją buvo daugiau propagandinio pobūdžio, nes Lietuvos vyriausybei nepavyko pasiekti, kad bent Klaipėdoje būtų pasiektas toks urbanistinės kolonizacijos laipsnis, kuris laiduotų lietuviškos daugumos atsiradimą.

Naują situaciją krašte liudijo 1938 m. gruodžio mėn. rinkimų į Seimelį rezultatai: lietuvių sąrašai neteko vienos vietos, nors procentiniu

---

39 1940. I. 25 Lietuvos konsulo Klaipėdoje A. Kalvaičio pranešimas J. Urbšiui/ / LVA. F. 383. Ap. 2. B. 20. L. 3.

zum nicht geringen Teil ins Lager der politischen Gegner überge-
wechselt. Allen litauischen Bemühungen zum Trotz dominierte das
deutsche Kapital im Memelgebiet und diente als wichtiges Argument
im Kampf gegen das Eindringen des Litauertums. Die Resultate die-
ses Eindringens dürfen nicht überschätzt werden. Laut — allerdings
nachträglichen — Angaben des litauischen Generalkonsuls A. Kal-
vaitis sind zwischen 1923 und 1939 aus Litauen über 30 000 Men-
schen ins Memelgebiet übersiedelt.[39] Den größten Anteil stellten Ar-
beiter (darunter 7000 Feldarbeiter), eine zahlenmäßig kleine Gruppe
bestand aus Beamten und Angestellten (mit Wach- und Kurierdien-
sten ungefähr 1700 Personen); hinzu kamen jüdische Kaufleute und
Industrielle. Eine an sich recht eindrucksvolle Zahl bei 1939 insge-
samt 153 000 Einwohnern im Memelgebiet. Doch die offizielle Stati-
stik liefert keine Bestätigung der Angaben für die Litauer: Nach der
Volkszählung von 1925 lebten damals im Memelgebiet 37 626 Litau-
er; am 1. Januar 1939 waren es mit 43 226 nur knapp 6000 mehr. Die
von Kalvaitis genannte Zahl spiegelt sich auch in den Landtagswahl-
ergebnissen nicht wider. Andererseits ist es durchaus möglich, daß
viele litauische Zuwanderer, weil sie keine bürgerlichen Rechte besa-
ßen, am politischen Leben des Memelgebietes gar nicht teilnehmen
und aus denselben Gründen auch in der offiziellen Statistik nicht ent-
halten sein konnten. Jedenfalls vermochten diese Menschen, wie be-
reits dargelegt, angesichts ihrer (ebenfalls schon geschilderten) mise-
rablen Existenzbedingungen im Memelgebiet, nicht zur Stütze der
Zentralgewalt zu werden oder gar den Autonomiestatus bzw. das
Wohl der Memelländer zu bedrohen. Deren Reden von der litaui-
schen Kolonisierung des Gebiets trugen rein propagandistischen
Charakter, zumal es Litauen nicht gelungen war, mindestens auch in
Memel einen so hohen eigenen städtischen Bevölkerungsanteil zu er-
reichen, der zum künftigen Entstehen einer litauischen Einwohner-
mehrheit insgesamt hätte führen können.

Was sich tatsächlich als neue Lage herauskristallisierte, verdeut-
lichten die Ergebnisse der Landtagswahlen vom Dezember 1938: Die
litauischen Listen verloren zwar nur einen Sitz, büßten jedoch gleich-

---

39 Der litauische Konsul A. Kalvaitis in Memel an J. Urbšys vom 25. 1. 1940. LStA,
  F. 383, Ap. 2, B. 20, L. 3.

88

požiūriu jie prarado 5,5% balsų. Taigi 1923 m. prasidėjusi kova dėl Klaipėdos po 15-os metų atsidūrė tokioje būsenoje, jog viena kovojanti pusė — lojaliai Lietuvos atžvilgiu nusiteikę lietuviai — jau bijojo išeiti į gatvę ...[40] Nacistinės organizacijos įgavo tokią jėgą krašte, jog net saugumo policija buvo bejėgė sutramdyti savo politinius priešininkus terorizuojančius smogikus. Kodėl taip atsitiko?

Lietuva įdėjo daug dvasinių pastangų ir lėšų į krašto vystymą. Vien tik į uostą buvo investuota 41,7 mln. litų, tuo tarpu pajamos iš jo tesudarė tik 11 mln. litų (taigi valstybės dotacija sudarė apie 30,7 mln. lt.). Ji rūpinosi prekyba, pramone, kultūriniais krašto poreikiais. Lietuva siekė integruoti Klaipėdos kraštą, deja, dažnai šiam tikslui pasirinkdavo ne pačias geriausias priemones ir pernelyg forsuotą tempą. Analizuojant nesėkmių priežastis negalima visų Lietuvos bėdų Klaipėdos krašte paaiškinti tik nuolatiniu Vokietijos kišimusi į jo reikalus ar nacių teroru. Tokios padėties priežastys, kaip buvo minėta, glūdi daug giliau: socialinėje, politinėje, tradicijų ir net psichologijos srityse. Vis dėlto viena iš svarbiausių Centro valdžios nesėkmės priežasčių — klaipėdiškio praradimas. Žinoma, nelengva prarasti tautos dalį, dar sunkiau tai pripažinti, deja, 1923-1939 m. situacijos analizė Klaipėdos krašte leidžia teigti, jog žymi dalis klaipėdiečių lietuvių jau buvo negrįžtamai prarasti Lietuvai. Tokių praradimų žinojo ir kitos, taip pat ir didžiosios tautos, pvz., elzasiečio fenomenas, Silezijos lenkai, etc.

Šiame straipsnyje daugiau nagrinėtos „lietuviškos problemos", tačiau, suprantama, jog tyrinėjamai problemai labai svarbus yra ir dar vienas, šiame pranešime beveik nepaliestas aspektas — Klaipėdos krašto vokietis, t. y. memelenderis ir jo „pasaulis". Nesileisdami į platesnius apibendrinimus, pažymėsime keletą pačių bendriausių mo-

---

40 Lietuvos Saugumo departamento informacija „Įvykiai Klaipėdos krašte karo stovį nuėmus" / /LVA. F. 383. Ap. 7. B. 2085. L. 51.

zeitig 5,5% ihres Stimmenanteils ein. Der 1923 begonnene Kampf um das Memelgebiet hatte nach 15 Jahren einen Punkt erreicht, an dem die cine Seite — der Litauen gegenüber loyale memelländische Litauer — fürchtete, auf die Straße zu gehen.[40] Die nationalsozialistischen Organisationen waren hingegen so erstarkt, daß selbst die Sicherheitspolizei nicht imstande war, der terroristischen Angriffe ihrer politischen Gegner Herr zu werden. Warum ist es so gekommen?

Litauen hat sich viel Mühe gegeben und hohe Geldmittel für die Entwicklung des Landes eingesetzt, allein in den Hafen wurden 41,7 Millionen Litas investiert, während die Einnahmen aus ihm nur 11 Millionen Litas betrugen. (Der Zuschuß des Staates belief sich mithin auf rund 30,7 Millionen Litas.) Litauen förderte Handel, Industrie sowie kulturelle Bedürfnisse und war bestrebt, das Memelland zu integrieren, wählte aber dafür nicht die besten Mittel und Methoden aus und beschleunigte das Tempo zu sehr. Bei der Analyse der Gründe der Mißerfolge Litauens im Memelgebiet darf man nicht alles nur auf ständige Einmischungen Deutschlands in die Angelegenheiten des Gebietes oder auf Terror der Nazis zurückführen. Die Ursachen des Scheiterns liegen, wie wir schon erwähnt haben, bedeutend tiefer: im sozialen, politischen, Traditions- und sogar im psychologischen Bereich. Von ausschlaggebender Bedeutung für den Mißerfolg der Zentralgewalt war dabei der Verlust des litauischen Memelländers. War es schon nicht leicht, einen Teil des Volkes zu verlieren, fiel es noch viel schwerer, dies zuzugeben. Die Analyse der Entwicklung von 1923 bis 1939 im Memelgebiet läßt die Behauptung zu, daß ein großer Teil der litauischen Memelländer schon damals für Litauen unwiderruflich verloren gewesen ist. Solche Verluste haben auch andere, sogar große Völker erlitten, man denke an die deutschen Elsässer oder an die schlesischen Polen.

In dieser Schrift wurden hauptsächlich die „litauischen Probleme" behandelt, doch ist natürlich für unseren Untersuchungsgegenstand noch ein bisher kaum angesprochener Aspekt von großer Bedeutung: der deutsche Memelländer und seine „Welt". Ohne ausführliche Verallgemeinerung sei nur auf einige Hauptmerkmale und Besonderhei-

---

40 Information der Sicherheitsabteilung Litauens „Ereignisse im Memelgebiet nach der Aufhebung des Kriegszustandes". LStA, F. 383, Ap. 7, B. 2085, L. 51.

mentų, apibūdinančių kai kurias memelenderio mąstysenos bei savijautos 1923-1939 m. Klaipėdos krašte ypatybes. Klaipėdos prijungimą prie Lietuvos absoliuti dauguma vokiečių priėmė kaip laikiną būseną, kuri atsirado dėl pralaimėjimo kare. Lietuvos Respublika jiems atrodė kaip „sezoninė valstybė", neturinti perspektyvos ateityje. Kai kuriems iš jų krašto priklausomybė Lietuvai asociavosi su tautiniu pažeminimu, daugelis negalėjo susitaikyti su tuo, jog jie traktuojami kaip „nacionalinė mažuma". Tai gimdė dvasinį diskomfortą, kuris savo ruožtu pasireiškė griežta vidine ir dažnai aktyvia opozicija Centro valdžiai. Nepasitikėjimo jausmas, beje, buvo abipusis, kadangi Kaune Klaipėdos vokiečiai buvo traktuojami dažniausiai tik kaip kliūtis krašto integravimui į Lietuvą. Esant tokiai padėčiai sprogimas buvo neišvengiamas.

Lietuvos vyriausybė padarė ne vieną klaidą krašte ir kiekviena jų tapdavo Vokietijos laimėjimu. Vis dėlto ne Lietuvos vyriausybės klaidos lėmė Klaipėdos likimą 1939 m. Čia suveikė faktoriai, kurie nepriklausė nuo Lietuvos valios. Retrospektyviai žiūrint, Lietuvos vyriausybės nesėkmės krašte nesudaro kokio nors išskirtinio reiškinio ir nerodo jos nesugebėjimo efektyviai dirbti. Lenkijos vyriausybė, turėjusi didesnes galimybes ir Dancige vartojusi kur kas griežtesnės priemones, taip pat negalėjo pasigirti svaresniais laimėjimais. Šiuos dėsningumus lėmė prieškarinės realijos ir ta krizė, kurią išgyveno Europos tautos, susidūrusios su totalitariniais rėžimais.

ten in seiner Denkweise und Gefühlslage zwischen 1923 und 1939 hingewiesen. Im Anschluß des Memelgebietes an Litauen sah die absolute Mehrheit der Deutschen einen bloß vorübergehenden, allein durch die Niederlage Deutschlands im Krieg bedingten Zustand. Die Republik Litauen war in ihren Augen eine „Saisonrepublik" ohne jegliche Zukunftsperspektive. Manche empfanden die Zugehörigkeit des Gebiets zu Litauen als nationale Erniedrigung. Die meisten konnten nicht ertragen, daß sie als „nationale Minderheit" behandelt wurden. Es rief geistiges Unbehagen hervor, das sich in strenger innerer und oft auch aktiver äußerer Opposition der litauischen Zentralgewalt gegenüber äußerte. Unbehagen und Mißtrauen prägten übrigens das Verhältnis wechselseitig; denn in Kaunas wurden die memelländischen Deutschen meist nur als Hindernis bei der Integration des Gebietes in den litauischen Staat betrachtet. Bei dieser Lage erschien eine Explosion unvermeidlich.

Die litauische Regierung machte im Memelgebiet mehrere Fehler, von denen jeder sofort zum Erfolg Deutschlands wurde. Aber nicht diese Fehler bestimmten das Schicksal des Memelgebietes im Jahre 1939. Vielmehr gaben Faktoren den Ausschlag, die vom Willen Litauens unabhängig waren. Im historischen Rückblick sind die Mißerfolge der litauischen Regierung im Memelgebiet keine nur ihr eigene Erscheinung und bedeuten nicht, daß sie zu effizientem Handeln unfähig gewesen ist. Die polnische Regierung, die größere Möglichkeiten hatte und härtere Maßnahmen in Danzig ergriff, erreichte schließlich auch keine durchschlagenderen Erfolge. Der tatsächliche Entwicklungsgang wurde durch Realitäten der Vorkriegszeit und vor allem durch die Krise verursacht, die die europäische Völker erleben mußten, als sie mit totalitären Regimen zusammenstießen.

Lietuvos karuomenės paradas Teatro aikštėje po Klaipėdos užėmimo 1923 m.

Parade des litauischen Militärs auf dem Theaterplatz nach der Einnahme Memels 1923

Klaipėdos krašto užėmimo karinės akcijos vadas Jonas Polovinskas-Budrys

Jonas Polovinskas-Budrys, militärischer Führer der litauischen Aktion im Memelgebiet im Januar 1923

Borusios paminklas Klaipėdoje, nuverstas nuo cokolio generalinio streiko metu 1923 m. balandžio 7 d. (kairėje lietuvis sargybinis)

Das als Reaktion auf den Generalstreik vom 7. April 1923 vom Sockel gestürzte Borussia-Denkmal in Memel (rechts ein litauischer Militärposten)

Klaipėdos krašto seimelio posėdis apie 1930 m.

Sitzung des Memelländischen Landtages um 1930

Antanas Merkys, Klaipėdos krašto gubernatorius 1927-1932 m.

Antanas Merkys, Gouverneur des Memelgebietes von 1927 bis 1932

Vytautas Gylys, Klaipėdos krašto gubernatorius 1932-1933 m.

Vytautas Gylys, Gouverneur des Memelgebietes von 1932 bis 1933

Jonas Navakas, Klaipėdos krašto gubernatorius 1933-1935 m.

Jonas Navakas, Gouverneur des Memelgebietes von 1933 bis 1935

Borusios paminklo naktinis pakėlimas Klaipėdoje 1938 m. lapkričio mėn.

Nächtliche Aufrichtung des Borussia-Denkmals in Memel, November 1938

Fakelų paradas Klaipėdoje 1939 m. kovo 22 d.
Fackelzug in Memel am 22. März 1939

Klaipėda, 1939 m. kovo 23 d.: Klaipėdos krašto vokiečių vadas Ernstas Neumannas sveikina Adolfą Hitlerį

Memel, 23. März 1939: Der Führer der Memeldeutschen, Ernst Neumann, begrüßt Adolf Hitler

Abendausgabe
Preis 10 Pfennig

Berliner

Mittwoch, 22. März 1939
A

Lokal-Anzeiger

Organ für die Reichshauptstadt

Nummer 69 A — Bezugsbedingungen und Anzeigenpreise sind in der Morgenausgabe angegeben — 57. Jahrgang

Fernsprecher Sammel-Nummer 17 65 71 — Drahtanschrift Scherlverlag Berlin — Postscheckkonto 3111 — Für unverlangt eingesandte Beiträge übernimmt die Schriftleitung keine Verantwortung

Jubel im freien Memelland
Nach 20 Jahren Rückkehr zum Reich

Gesetz des Blutes

Berlin, 22. März

FM Naturgesetze vollziehen sich: Das Gesetz, daß die reife Frucht vom Baume fällt; das Gesetz, daß aus gesättigter Lösung unwiderstehlich Kristall an Kristall anschießt; das Gesetz der Anziehung eines großen gegenüber einem gleichartigen kleinen Körper; das Gesetz der Schwere und des natürlichen Gefälles, wonach das Bach in den Strom fließt; das Gesetz organischen geschichtlichen Gewordenseins und das Gesetz des Blutes.

Bei dem Heimfall der alten Reichsländer Böhmen und Mähren bedurfte es eines Zugriffes des Reiches nur insoweit als es nötig war, um die fallende Frucht zwangsläufig aufzufangen und der Sinnlosigkeit zu hüten. Auf der Rückgabe des deutschen Memellandes aus Reich bedarf es überhaupt keines Zugriffs. Sie erfolgt mit der organischen Selbstverständlichkeit, womit ein reifer Kristall sich an der Drude anschließt.

Wie uns Himmels willen soll nun der englische Großflügenangriff auch den Heimfall des Memellandes für seine Zwecke ausbeuten? Jahrelang hat die englische Presse selber den Engländern klar gemacht, daß dieses Memelland nun einmal deutsch sei und deshalb bleiben und darum zwanzig Jahre lang durch keine Qualereien des Sablaums von Böhmen und Mähren entschieden. Und eine ebengroße Rolle in seinem deutschen Wollen habe bei ihrem Leiden. Sie sollen dir seinem deutschen der entscheidenden Eigentümprizfuat nun ersichtlich die Wendung von solcher Wahrheit zu dem jetzt billigen Weltschwindel von einem "deutschen Überfall", einer "deutschen Gewalttat", einem "deutschen Raubzug" Jahre Sorge. Wir leben willenlos gelassen zu, wie sie, gehandicapt durch ihre vom selber genoß eingestanztene Wahrheit, zunächst mit ihren vergangenen Geschäften und Ränten, zugeben, eigentlich dürfe man sich nicht wundern, wenn man auch furchtbar überragt sei; die "Annektierung Memels" zu meinen die Abtretung des Memellandes durch Litauen — werde von der englischen Regierung wohl nicht als ein Grund für eine "drastische Aktion" aufgelegt werden und dies eine diplomatischen Folgen" haben. Auch in Paris findet man es offenbar nicht ganz leicht, aus dieser "vollendeten Tatsache" etwas Erbrigliches für die Serie gegen Deutschland zu machen.

Deutschland würde auch eine "drastische Aktion" unserer westlichen Freunde mit jener "diplomatische Folge" mit gelassener Ruhe betrachten. Sie haben weitaus Gewicht gegen ein "vollmachte Tatsachen". Wir überlassen es den Handwerkern der Lüge beim "Nennbüros" und beim Agence Havas, beim Pariser "Oeuvre" und beim Londoner "Daily Herald", sich den Kopf darüber zu zerbrechen, wie man am Ende doch noch aus dieser Sache, aus der der Heimkehr des Memellandes, aus dem der Deutschbekenntnis der Rückgabe Memelländer und aus der Rückgabe durch Litauen, für sie eine klares litauisches Schuldbekenntnis enthält, und bezweitern, aber nachgerade allzu bekannten Rezepten eine neue Deutschhetze aufbereiten könnte.

Wir singtüren Innern uns mit den Deutschen im Memellande des Gescherhmen, der Wiederherstellung des deutschen Lebensgesehens in einem von den Fesseln Nachbildung erst erschaffenen deutschen Lande. Zwanzig Jahre lang fühlt es sich deutschen Sinn und der das preußischen Sinn angetan, hüten sie die Kleber an der Betüten.

Vorschlag Deutschlands an Litauen
Von Kowno angenommen — Rückgabe-Verhandlungen Ribbentrops

Das Memelland ist frei! In fetten Lettern kündete in den heutigen frühen Morgenstunden die Extrablätter, meldete der Rundfunk dies neue, wunderreiche, beglückende Geschehen. Wieder ist eine geschichtsbildende Entscheidung gefallen, kommt deutsches Blut zu deutschem Blut, wird alles Unrecht verwandelt in Recht. Deutsche Menschen, die seit Versailles das bittere Joch der Fremdherrschaft ertragen mußten, die 16 Jahre lang gegen ihren so oft und laut bekundeten Willen und gegen die tiefe Stimme ihres Blutes unter litauischer Oberherrschaft lebten und litten, kehren heim ins das Reich.

In voriger Woche erst wurde in den nächtlichen Stunden von Mittwoch auf Donnerstag das Geschick von Böhmen und Mähren entschieden. Und eine ebengleich später hat wieder eine einzige, schicksalträchtige Nacht 150 000 Menschen die Freiheit gebracht, für die sie gekämpft und gelitten hatten und für die ihr Blut zum Einsatz gebracht und um derentwillen sie in Litauens Kerkern geschmachtet hatten.

Die Schicksalsnacht, die sich deutsche Geschichte vollendet, ist auch für die Heimkehr des Memellandes entscheidend. Am Montag empfing der deutsche Reichsaußenminister v. Ribbentrop den litauischen Außenminister Urbšys. Am Dienstag trat in Kowno dem litauischen Staatspräsidenten der entscheidende Ministerrat zusammen.

Litauens Außenminister berichtet, daß der Reichsaußenminister im Namen der Reichsregierung der litauischen Regierung den Vorschlag der Rückgabe des Memelgebietes an Deutschland gemacht, und dies als für die Befriedung einzig zweckmäßige Lösung bezeichnet hat. Viele Stunden dauerte der Ministerrat in Kowno, und dann das Ergebnis: Angesichts der Stellungnahme des Deutschen Reiches gibt der Ministerrat seine Zustimmung zur Uebergabe des Memelgebietes an Deutschland. Die Würfel sind gefallen, der Landesdirektor beim Memeldirektorium Dr. Böttcher hat bereits früh die vollziehende Gewalt im Memelgebiet übernommen. Die litauische Wehrorganisation wird entwaffnet. Die litauischen Behörden üben keinerlei Machtbefugnis mehr aus. Polizei und Ordnungsdienst übernehmen die Memeldeutschen, Dr. Neumann.

In dem kleinen Land, das so viel Leid erduldet hat, bricht unbeschreiblicher Jubel aus, die Glocken läuten die Freiheit ein. Hakenkreuzfahnen schmücken die Häuser, und die Menschenmassen sind von einem Freudentaumel erfüllt. Der Führer der Memeldeutschen, Dr. Neumann, der selbst in vierjähriger Kerkerhaft für sein Deutschtum gelitten hat, verleiht der aufbrandenden Begeisterung Ausdruck. Im deutschen Ostpreußen antwortet dem Nachbarn der helle Jubel. Tilsit, Königsberg, Danzig, von Stadt zu Stadt, von Dorf zu Dorf verbreitet sich wie ein Lauffeuer die Nachricht von dem neuen Jubel. Die dankbare Freude des Memellandes stimmt das ganze Großdeutsche Reich mit seinem Willkommengruß ein.

Machtbefugnisse übergeben
Telegraphische Meldung

DNB Memel, 22. März

Der Landesdirektor für die innere Verwaltung, Dr. Böttcher, teilt mit:

"Der Gouverneur hat mir soeben erklärt, daß die litauischen Behörden hiermit ihre Machtbefugnisse im Memelgebiet niederlegen. Post, Sender und Gefahrenamt usw. unterstehen dem litauischen Staat. Ich habe mit Wirkung vom heutigen Tage die gesamte vollziehende Gewalt über das Memelgebiet...

...[illes einmal nachgebaut] über die Unkittlichkeit ihrer "Politik", die von deutscher Memeldeiner[unzeit "auf Borrat" von Deutschland losist] und mit französischen belegte, die im 1923 an Litauen zu erinnern und an die zwei Jahrzehnte der nachfolgende quasvolle Bereithaltung leibst der Rechte, die man leider den Memeldirektum in den ihnen aufgezwungenen Memelstatut weg gleichzeitig buhte, zugeeignet zu ausrufen.

Noch erfüllt Europa das von Deutschland in Regie genommene Lügengeflügel über die Herstellung des deutschen Unrechtsnamens und der deutschen Ordnung in Böhmen und Mähren, schon wieder litauisch das Memelland sei, Bieder hat vergebens vergangliches unverbindliche sich selber herzustellt: das Gesetz des Blutes, das dem Recht der natürlichen Ber-[Süra], das dem Recht dem deutschen Haare, das Blutes im deutschen Volkszeitraum der vollziehende Gewalt über das Memelgebiet.

"Der Gouverneur hat mir soeben erklärt, daß die litauischen Behörden hiermit ihre Machtbefugnisse im Memelgebiet niederlegen. Post, Sender und Gefahrenamt usw. unterstehen dem Memel.

Die Schautisten (Litauische Wehrorganisation) werden an einzelnen Punkten der Stadt zusammengezogen und ziehen dann mit Waffen unter Schutz der Memeler Organe zur Kaserne, wo sie entwaffnet werden. Nachdem ist die gesamte vollziehende Gewalt über das Memelgebiet...

...übernommen habe, fordere ich die Bevölkerung des Memelgebietes auf, vollständige Ruhe zu bewahren und für kleinerlei Ausschreitungen hinzugeben zu lassen. Wir haben bisher Disziplin bewahrt und werden diese bis bewahren, bis zum letzten Augenblick.

Den Anweisungen der Polizei sowie des als Hilfspolizei eingesetzten Ordnungsdienstes ist unbedingt Folge zu leisten. Den bisherigen litauische Zeichen im Memel jacket haben zu entfernen. In der Sprache und wird unsere Bekanntmachung am laufend in veröffentlichen. Soweit der litauischer Sprache bringt, gefällt dies mit meinem Einverständnis."

Laikraščio „Berliner Lokal-Anzeiger" 1939 m. kovo 22 d. antraštė

Titelseite des Berliner Lokal-Anzeigers vom 22. März 1939

Nuotraukos / Bildnachweis:

Knygoje publikuojamos nuotraukos iš:
Die Bildleihgaben stellten dankenswerterweise zur Verfügung:
Bundesarchiv, Koblenz (S. 93, 95, 96, 100, 101, 102, 103)
Iš / aus: Kovos keliais (Auf Streitwegen). Klaipėda 1938 (S. 94, 97, 98, 99)

Nuotraukos ant knygos viršelio / Umschlagbilder:

Lietuvos kairiumenės žygis į Klaipėda 1923 m. vasario 19 d.
Einmarsch der litauischen Armee in Memel am 19. Februar 1923
(Mažosios Lietuvos muziejaus / Kleinlitauen-Museum Klaipėda / Memel)

Adolfas Hitleris Klaipėdoje, 1939 kovo 23 d.
Adolf Hitler in Memel am 23. März 1939.
(Nordostdeutsches Archiv Lüneburg, Sammlung Kussau)